朱熹传

梁新宇 编著

国文出版社

·北京·

图书在版编目（CIP）数据

朱熹传 / 梁新宇编著． -- 北京 ：国文出版社，
2025． -- ISBN 978-7-5125-1829-2

Ⅰ．B244.7

中国国家版本馆CIP数据核字第2024WA6388号

朱熹传

编　　著	梁新宇	
责任编辑	苗　雨	
统筹监制	杨　智	
责任校对	周　琼	
出版发行	国文出版社	
经　　销	国文润华文化传媒（北京）有限责任公司	
印　　刷	文畅阁印刷有限公司	
开　　本	880毫米×1230毫米	32开
	6印张	100千字
版　　次	2025年3月第1版	
	2025年3月第1次印刷	
书　　号	ISBN 978-7-5125-1829-2	
定　　价	59.80元	

国文出版社

北京市朝阳区东土城路乙9号　　　　　邮编：100013

总编室：（010）64270995　　　　传真：（010）64270995

销售热线：（010）64271187

传真：（010）64271187-800

E-mail：icpc@95777.sina.net

朱熹（1130—1200年），字元晦，一字仲晦，号晦庵，别称紫阳。南宋哲学家、教育家。祖籍徽州婺源（今江西婺源），生于南剑州尤溪（今福建尤溪），侨寓建阳（今福建南平市建阳区）。任秘阁修撰等职。主张抗金，并强调准备。师事李侗，为二程（颢、颐）四传弟子。博极群书，广注典籍，对经学、史学、文学、乐律、自然科学有不同程度贡献。

在哲学上，发展了二程关于理气关系的学说，集理学之大成，建立了一个完整的客观唯心主义的理学体系，世称"程朱学派"。强调"天理"和"人欲"的对立，要求人们放弃"私欲"，服从"天理"。他的理学成为后来封建统治者推崇的思想，在明清两代被提到儒学正宗的地位。

目　录

第一章　少年求学

出生于乱世

尤溪自西南向东北蜿蜒而下，最后注入闽江，是闽中地区的主要河流之一。尤溪县因尤溪而得名。南宋的尤溪县城，就坐落在尤溪的中游北岸。在城南一带的山脚下，有一所依山傍水的、简朴的住宅。这所住宅的主人姓郑，名安道，字义斋，是北宋神宗熙宁六年（1073 年）进士，官至金紫光禄大夫（光禄大夫，文职官阶称号。光禄大夫为从二品，金紫光禄大夫为正三品，银青光禄大夫为从三品）。但在此时，郑安道并没有住在这里。这所住宅里住的是他的朋友朱松。

朱松是徽州婺源（今江西婺源）人，字乔年，号韦斋；因尤溪县尉的任期已满，便暂时借居在这里。朱松自幼聪慧，在青年时期就写得一手好文章。北宋徽宗政和八年（1118年），朱松在京城汴梁（今河南开封）考中进士。

宣和二年（1120年）十月初九，歙州（今安徽歙县）的方腊率众在家乡起义，以讨伐奸臣朱勔为号召，见到官吏及其爪牙就全都杀掉。苦于官吏掠夺勒索、民不聊生，百姓们纷纷响应方腊。不过半月，起义军就发展到数万人。方腊自号"圣公"，建元"永乐"，率部接连攻陷了几十座州县，部众发展到近百万，威震东南。朱松的故乡婺源，处在战乱的中心。朱松放心不下家人，便携带全家一起来到政和县避乱。

宣和七年（1125年），朱松的父亲朱森不幸去世。按照当时的规矩，朱松本来应该护送灵柩回到婺源老家安葬；但是，由于家境贫寒，朱松只能将父亲就地安葬。

南宋高宗建炎二年（1128 年），朱松服丧期满，出任南剑州尤溪县尉。第二年五月任满，因为经济窘迫，便寄居于好友郑安道的家中。

建炎四年（1130 年）的九月十五日午时（11 时至 13 时），在朱松寓居的这所简朴的住宅中，他的儿子出生了。朱松给孩子取名为一个单字"熹"，寄托了迫切向往光明前途、结束黑暗乱世的寓意。朱松共生有三子，长子、次子都夭折了，朱熹位居第三。

朱熹出生的时候，尤溪县还处于动荡之中。在这种动荡不安的社会中，朱熹由一个牙牙学语、蹒跚学步的婴孩慢慢长到了即将入学的年纪。

朱熹从小就善于思考。在他刚学会说话的时候，有一天，父亲指着天告诉他："抬头看到的就是天空。"

朱熹却充满好奇地反问道："天空上面都有什么东西存在呢？"朱松听了儿子的问题后吃惊地望着儿子，简直是欢喜极了，捻着胡子若有所思地微微一笑，说："这个孩子将来一定会有很大的出息！"

绍兴四年（1134年）春天，经过中书舍人胡世将推荐，朱松被征召入朝，担任秘书省正字（秘书省，掌管古今经籍图书、国史实录、天文历数之事的官署；正字，秘书省官员，负责校正典籍）。朱熹随祖母、母亲留在了政和县。入秋后，万木枯疏，百叶凋零，朱熹的祖母程夫人也随风仙逝。

朱松听到这个噩耗后，匆匆地辞官回家守制。这一年，朱熹已经五岁，父亲觉得应该将他送到学堂念书了，就写了一首诗勉励他勤奋学习：

尔去事斋居，操持好在初。

故乡无厚业，旧箧有残书。

夜寝灯迟灭，晨兴发早梳。

诗囊应令满，酒盏固宜疏。

貘羁宁似犬，龙化本由鱼。

鼎荐缘中实，钟鸣应体虚。

洞洞春天发，悠悠白日除。

成家全赖汝，逝此莫踌躇！

　　朱熹的远祖多为仕宦之家，大都置有较多的田产；但是，到了其祖父朱森，其上三世都没有在朝做官，家道逐渐中落；到了朱松这一代，家业早已没有多少了。到闽中赴任时，朱松甚至不得不变卖在故乡仅有的百亩田产作为盘缠。在闽中做官多年，朱松仕途不顺，为了养家糊口，吃过很多苦，受过许多罪。朱松常常以自身的经历教诲朱熹："我们家族不富裕，没有什么可以依靠的。所以，你一定要寒窗苦读，才能平步青云，振兴门庭。"

朱熹时刻牢记父亲的教诲,发奋学习。他小小年纪,就喜欢思考各种问题。比如,当他听人说天地四方没有边界时,便想:"天地就算再大也应该有个尽头吧!就像我们住的屋子一样,墙壁外面总是有个什么东西的。那么,天地四边之外,究竟是什么东西呢?"对于不理解的问题,他总是苦思冥想,穷究其理,想不通又埋头去读书。

　　在这一点上,朱熹颇像他的父亲。每天晚上,朱松都要读《左传》到深夜。《左传》里的故事,深深地吸引着他,并且能够引发他更多的思考。父亲灯下夜读的身影,深深地印在了朱熹的脑海里。这对朱熹以后的人生产生了深远的影响。

　　朱熹的母亲祝夫人,娘家是歙州的大户。闲暇的时候,祝夫人常常对儿子讲起外祖父一家。朱熹也喜欢安静地依偎在母亲身旁,听妈妈讲那过去的故事:

我家祖祖辈辈都住在歙州,家庭很富有。你的外曾祖父名字叫祝景先,人们都称呼他为"二翁",他是一个忠厚的长者。他有好几个儿子,都主要以儒学为业。你的外祖父是长子,名叫祝确,字永叔,特别忠厚孝顺,很受乡人尊重。

母亲还告诉朱熹:

前些年的战乱,使歙州城差点沦为废墟。有些权贵便打算与官府合谋将州城迁到北门外,以谋取私利。然而,他们所选的新址地势低洼,阴雨天十分容易积水,平民百姓都不愿意迁移。但是,没有人敢出头说话,因为人们都十分怕得罪权贵给自己招来祸事。

就在这时,你外祖父不怕死地站了出来,毅然为民请命。权贵们因此对你外祖父恨之入骨,便想方设法从朝廷请来特旨,给他定下了违抗圣旨的大罪,想要将他置于死地。为了躲避祸患,你外祖父只好隐姓埋名,四处逃亡。

直到北宋灭亡以后,你外祖父才回到自己的故乡。此时的州城,也重新迁回到了原来的地方。只是经过这次灾祸,祝家元气大伤,从此一蹶不振。但是,你外祖父的人品却得到了人们的敬重。

接着,祝夫人又谈到了自己的母亲:

你外祖母姓喻,生了两男一女,我是老二。你伯舅叫祝莘,叔舅叫祝峤。当年你的父亲还在郡学读书的时候,很不显眼,但是,你外祖父却有知人之明,应允了我和你父亲的婚事。果然,后来你父亲诗名远扬,并考取了功名。

从母亲的讲述中,朱熹了解了父母的身世和遭遇,他们的经历深深地震撼着他。他没有想到,身居陋室的父母,竟然都有如此显赫的家世。母亲口中的外祖父不惧强权为民请命的形象,更是在他幼小的心灵中留下了难以磨灭的印象。

在临安的见闻

绍兴七年（1137年），朱松在建安（今福建建瓯）城南找了一所房子，这个地方依山傍水，环境优美。于是，朱松搬离了郑安道家，迁进了新的居所。朱松还为新居取名为"环溪精舍"，可见他对这个居所有多么喜爱。

这一年朱熹八岁，他除了要在当地的学校上学聆听塾师的教诲外，回家后还要接受父亲的亲自辅导。这时，与他比较要好的同学有建阳（今福建建阳）人李从礼等人。此时的朱熹虽然年龄不大，但已经开始读《孝经》《论语》《孟子》《大学》《中庸》等书——这些书是那个时代的读书人的必读之书。

朱熹的天赋并不比其他人更高，相反，有时表现得还有些迟钝。但是，好学深思的习惯，以及坚忍、执着的性格，使他对那些枯燥乏味的书籍有着异乎常人的理解和兴趣。

读完《孝经》时，朱熹曾挥笔题下"不若是，非人也"六个大字。其意不言自明：如果不像《孝经》里讲的那样对待长辈，就不配为人。

读到《孟子》中令人感动的故事时，朱熹会掩卷沉思，表示从今以后一定会专心致志、锲而不舍、苦读不懈。读到《孟子》中"圣人与我同类者"一句时，他又高兴得手舞足蹈。他从"人人皆可为尧舜"的意义上来体会"圣人与我同类"，从此以做圣人为自己的理想和目标。

九月，朱松服丧已满三年，再次应召入京，担任秘书郎，负责管理图书收藏、校写等。秘书郎这个官职，是朱松政治生涯的顶点。他在京城先后任著作佐郎、度支员外郎兼史馆校勘、司勋郎官等职，最后以吏部员外郎结束了他的为官生涯。

在朱松入京后不久，朱熹也来到了京城临安（今浙江杭州）。在北宋钦宗靖康二年（1127年）的靖康之难中，盘踞北方的金人攻破北宋京城汴京，俘虏了宋徽宗、宋钦宗两代皇帝，导致了北宋的灭亡。南宋朝廷当时把京城起名"临安"，有"临时安家"之意，应该还是想还都汴京的。但是，朱熹看到的临安却没有厉兵秣马、卧薪尝胆的样子，这里依然是歌舞升平、纸醉金迷的奢靡生活。

首次出门远行，令朱熹眼界大开，不仅饱览了沿途的江山美景，还亲身感受了都市的繁华奢靡。朱松让朱熹来临安，当然不是让他来游山玩水的。朱松带着朱熹拜刑部侍郎杨由义为师,继续学习儒学精要;又介绍他学习史学家司马光的《居家杂仪》。朱熹甚至还见到了当时为秘书少监的程颢、程颐兄弟(这二人合称"二程",河南洛阳人,他们的学说也被称为"洛学"。其后,朱熹正是继承和发展了"二程"的学说),以及程颐的得意门生尹焞等,并亲手抄录了尹焞的著作《论语新解》。

在临安,还有一个人也给朱熹留下了深刻的印象。这个人是朱松的内弟程复亨,号韩溪翁,朱熹称他为叔父。他经常来拜访朱松,每次来就要喝酒,并且肯定会喝得大醉,不是引吭高歌就是高谈阔论。他那超然物外、放浪不羁、异于常人的状态,令朱熹颇感新奇。

事实上,南宋朝廷偏安于临安之后,金人亡宋之心一直不死,每到秋天就会向南进攻,南宋军队溃不成军。为了暂时缓解金人的进攻,身为宰相的秦桧,竟然全盘接受了丧权辱国的对金和议：

> 宋向金称臣；岁贡银二十五万两，绢二十五万
> 匹；并划定疆界，东以淮河中流为界，西以大散关
> （陕西宝鸡西南）为界，以南属宋，以北属金。

朝廷割地赔款、向金人称臣，令南宋举国上下气愤不已。朝中大臣朱松、胡珵、凌景夏、常明、范如圭等人联名上书，痛斥秦桧的卖国协议。秦桧恼羞成怒，于绍兴十年（1140年）将朱松贬出京师。朱松不愿赴任，由京官变成平民直接返乡。

返回建安之后，朱松一家人仍然居住在环溪精舍。朱松因为反对议和而罢官，回乡后名声大振，州县官吏及当地名人纷纷前来拜访结交，往来频繁。这为朱熹以后在建安的立足、发展奠定了一定的基础。

朱松闲居之后，有了大把的时间。平时他除了读

经之外,便开始系统地给儿子传授"二程"的学说。朱熹有时候也会去学校,但是大多数时间都留在家里跟随父亲学习儒家经典。

历史也是朱松的传授内容。一次,他给朱熹讲《后汉书·光武帝纪》,当讲到刘秀领导的以少胜多、以弱胜强的昆阳之战(公元23年)时,朱熹若有所思地打断父亲的话问道:"刘秀到底是怎么做到的呢?"朱松联想到眼下的山河破碎,觉得有必要将历史的兴衰给儿子讲清楚。于是,朱松将战役的始末详细地讲解一番。父亲的讲述,触动了朱熹的心怀;追古抚今,令朱熹感叹不已。

不久,国家形势又发生了巨大变化。正如朱松所极力反对的那样,还没等朝廷中那些投降派从庆贺议和成功、暂时停止战争的陶醉中清醒过来,善变无信的金人撕毁和约骗局,兵分四路,长驱南下,直逼临安。

消息传到朱松那里之后，他每天都忧心如焚，食不下咽。他在焦虑中煎熬地度过了一个多月，战事出现了转机。他得知，在国家危难之际有一批名将，英勇地率领军民奋起反击，取得了战争的初步胜利。

先是宋将刘锜指挥了历史上一次著名的以少胜多的城邑防御战争。在战前，刘锜凿沉船只，激励将士决心守城。同时，他广派斥候（侦察兵）察明金军动向，发动民众环城修筑土围，用以护城屯兵。并且，加固城池，增设障碍，准备迎战金军。经过三次激烈的战斗，击溃了金军的前锋部队。

紧接着，刘锜率全城军民与金兀术亲自率领的金军主力在顺昌决战，取得了振奋人心的"顺昌大捷"。刘锜出奇制胜，以五千精兵大破金兀术的十万人马。

后来，金兀术以十万大军驻扎于开封西南四十五里的朱仙镇，希图再次负隅顽抗。岳家军北上势如破竹,在距离朱仙镇四十五里的尉氏县驻营,作为制胜之地。

岳家军前哨的五百背嵬(亲随军)铁骑抵达朱仙镇,双方进行了一次激烈的交锋,金军全军崩溃。金兀术最后只剩下一条路,放弃开封府,渡河北遁。

朱松听到这些捷报,异常兴奋,高兴得两天两夜都没有睡觉。后来,他精心地将苏轼的《昆阳城赋》书写下来,挂在自己的书房里,一遍遍地反复吟诵;读到激动处,他的眼中饱含着热泪。见此情景,朱熹也受到了极大的感染。他跟随着父亲高声吟诵,激动不已。

然而,就当朱松一家人满怀着振兴宋室、收复河山的希望,并且与举国上下的百姓都沉浸在战争胜利的欢乐中时,一心与金求和的宋高宗、宰相秦桧却用十二道金字令牌召回岳飞,把人们所有的希望都击得粉碎。

面对宋高宗的高压政策,岳飞无可奈何,不得不率领着即将取得胜利的军队撤离前线,班师还朝。当时,当地的百姓集体跪在岳飞的马前痛哭,苦苦哀求,想要挽留他。岳飞悲愤涕流,却也束手无策。

当然,这个令人气愤的消息很快也传到了身在建安的朱松那里。听到这个消息后,他的心中所有的希望陡然破灭。他痛不欲生,整天徘徊在建溪水边六神无主、颓然神伤。祝夫人看到丈夫当时的神情和模样,真怕他一时想不开跳到建溪水中去。

没过多久,朝中又传来一个噩耗,秦桧给岳飞罗织了许多罪名,最后竟然以"莫须有"(可能有的意思)的罪名杀害了为朝廷出生入死的岳飞父子。

朱松无法接受这个事实,也无法承受这个沉重的打击。朝中的投降派竟然如此猖狂,他们残忍地将朝中唯一有望收复河山的大将杀害了,那么,国家的未来还有什么希望呢?他口吐鲜血,倾身倒在了建溪水中,跌进了汹涌的波浪里,希望自己能够随着爱国将领和所有的希望而去。所幸的是当时附近正好有两个渔人在捕鱼,他们把他从水中救了上来。

朱松被送到家中后,祝氏被吓得手足无措、双泪直流,不知如何是好。而此时,朱熹却显得十分镇定,请来郎中给父亲诊治,并亲自为他抓药、煎药。

年少丧父

绵绵的春雨已经下了好几天了，在病床上躺了有些年头的朱松，心里不再如往日一样平静，隐约觉得自己将不久于人世；再回头看看自己那尚未成年的儿子，想到今后他们孤儿寡母就要相依为命，他的心里难受极了。想着想着，他不禁流出了酸楚的泪水，浸湿了枕头。

朱松把妻子祝氏、儿子朱熹叫到自己跟前，伸出瘦弱无力的手抚着朱熹的脑袋，对祝氏嘱咐道："我已经病入膏肓，不久将离开人世，'死去何所道，托体同山阿'。只是心中对你们母子放心不下……"还未说完，他早已泪流满面了。

祝氏抽泣着说："夫君，你一定不要胡思乱想。你是因为寒气内侵才生病的，现在天气开始慢慢转暖，再过些日子你的病情一定会好起来的，不要再说这种丧气话！"

朱松艰难地摇了摇头，认真地说道："我的病情如何自己心里清楚，你无须再用这些话来宽慰我了。这些天我神情恍惚、两眼昏花，总是梦到有拿着锁链的无常鬼前来索命。自古以来，有生必有死，生固欣然，死亦天命。我去了之后，就不能再同你一起抚育儿子长大成人。从此之后，这副重担就落到你一个人肩上了，你要努力肩负起来。"

朱松接着嘱咐道："等我离开之后，你们孤儿寡母在建安无所依靠，想要生存下来十分不易。在崇安县

（今福建武夷山市崇安街道）有四个我的至交好友，他们一个名叫刘子羽，另一个是他的弟弟刘子翚，还有一个叫刘勉之，一个叫胡宪。等我离开之后，你就带着儿子去投靠他们。其中，刘子羽曾经历任封疆大吏，他在四川、陕西等地顽强地与金兵进行抗争，立过赫赫战功；两年前被秦桧指使的谏官弹劾，罢官闲居于家。他家有田产，并且乐善好施，向来以帮助孤寡为己任……"

朱松说着，喘息起来，祝氏忙替他抚胸捶背。他半晌才缓过劲来，扭头对朱熹说："为父就要死了，你千万不要太过伤感。男子汉应该坚强，不应该流泪。"说着伸手去帮儿子擦泪，自己却也跟着涌出泪来："刘子翚、刘勉之、胡宪这三个人，为闽北名儒，学识渊博，我一向很尊重他们。他们德高学广，你如果能得他们的指导，一定会成长为有用之才的。我死后，你跟着母亲到他们那里去，要像尊重我一样尊重他们。你记下了吗？"

朱熹早已泣不成声,点头应允。

绍兴十三年(1143 年)三月,朱松病情急剧恶化,只能艰难地扶病下床。二十四日,朱松招手将朱熹叫到床前,吩咐他在自己死后迁居崇安,并把自己葬在那里——他要看着朱熹母子幸福地生活下去。朱松气喘吁吁地虚弱地倒在枕头上,张着口似乎还想要再说些什么,忽然一阵痉挛,大叫一声,口中喷血,不一会儿就咽了气。朱熹和母亲扑向床头,哭得死去活来。朱松在环溪精舍含恨离开人世,年仅四十七岁。

仿佛天塌地陷,顷刻间朱家的顶梁柱倒了!十四岁的朱熹,此后将不得不用稚嫩的肩膀扛起艰难的生计。朱熹含泪秉承父亲的遗训,开始料理父亲的丧事。他将父亲的死讯通知了其生前好友,接受了他们的吊唁。

朱熹还奔赴崇安山中,哭诉了父亲的临终遗言,选择墓地，筹建新居，并请从学于刘子翚、刘勉之、胡宪三先生。刘子羽等人因为好友的去世伤痛好久，后来慷慨地收养了朱熹母子，并正式接纳朱熹为门人。

崇安境内有一座模样奇特的山，叫屏山。屏山脚下，有一座巨大的庄园。庄园前面，有一条碧绿清澈的绯溪静静地流淌。庄园的对面，新盖了五间瓦房，围成了一个独立的小院。小院周围竹树环绕，院前有一个菜圃，院后有一方池塘。

这个小院就是庄园主人刘子羽为朱熹母子盖成的新居。新居千竹扶疏、窗明几净。朱熹和母亲带着蹒跚学步的幼妹朱心住进去，心中感到莫大的慰藉。

住进小院后不久，朱熹因为怀念祖上故居和去世的父亲，就以父亲曾在徽州紫阳山游览读书、刻有"紫阳书堂"印章之名，将听事堂取名为"紫阳书堂"，并且刻匾悬挂于堂中央。以父亲之号"韦斋"命名东偏室，燕居之堂命名为"晦堂",东斋命名为"敬斋",西斋命名为"义斋"。五间瓦屋都有了名字,合起来称为"紫阳楼"。新居命名就绪,而父亲墓地却定在西塔山的灵梵院侧,朱熹对于此地并不很满意,后于宋孝宗乾道六年（1170 年）将父亲迁葬于白水鹅子峰下。

寄人篱下

在刘子羽等人的帮助下,朱熹同母亲、妹妹总算在屏山有了一个属于他们自己的家。

一个暮春的早晨,朱熹早早地起了床,母亲亲手帮他料理好衣冠、书籍、纸笔。吃了早饭,母亲把朱熹送出院门,目送他进了刘氏庄园的大门。这是一个不寻常的日子,因为朱熹要去著名的刘氏家塾正式受学。

刘氏家塾源远流长,自从刘子羽的曾祖刘太素开始,就定下了一条"延四方名士,以教乡之弟子"的规矩。在刘氏家族雄厚财力的支持下,培养出一代又一代硕儒名宦。所以,刘氏家塾事实上已成了当地居民心目中的最高学堂。

刘氏家塾位于环境优雅的六经堂。朱熹踏进学堂,只见迎面挂着一块大木牌,写着《示六经堂学者》,正文是:

汝心之休,处此如游;

汝心之流,处此如囚。

此堂何有?维经与史。

隐索周施,于兹备矣。

诵书琅琅,其神乃扬。

杂虑横心,圣言则忘。

讲书默默,精义乃得。

借聪于人,终焉必惑。

视彼迅景,若弗云来。

今汝不勉,则何有哉?

时习之说,反身之乐。

瞻忽茫茫,匪伊情度。

时候尚早,同学还没到几个,三位先生却已经端坐在讲台上,等候着朱熹。刘勉之、胡宪年龄不相上下,都是五十岁出头,但是,刘勉之魁伟富态、脸色红润、头发乌黑,胡宪则枯瘦如柴、面窄如削、头发灰不溜秋。刘子翚年纪最小,才四十二岁,但身体单薄、面黄肌瘦、嘴唇发白,一副大病初愈的模样。

朱熹快步上前,双膝一屈,就要跪拜。刘勉之连忙扶住说:"还不是时候,跟我来。"

刘勉之带着朱熹来到木牌对面的墙下,拉开一方布帘,里面露出一个神龛,摆着孔夫子的塑像。刘勉之说:"先拜圣,再拜师。"朱熹规规矩矩地给孔夫子磕了三个响头,然后又一一跪拜了三位先生,诵了一遍学规《示六经堂学者》,就算正式入三先生之门,成为六经堂的一名新生了。

朱熹拜完师后,别的学生也陆续到齐。这一段是胡宪授课，所以刘勉之、刘子翚就先回去了。胡宪让朱熹坐在前面的一个空座位上，刚要开始讲课，一个衣着华丽的纨绔子弟喘着粗气闯进来，径直走到朱熹面前，不客气地说："这是我的位置，快走开！"

朱熹正要收拾书匣子离开，胡宪叫住了他，然后对那子弟说："方贵，怎么今天又迟到了？你个子最高，坐到后面去，把这个位置让给这位新同学吧。"

方贵不大高兴，噘着嘴说："先生，我眼睛不好，坐在后面看不见！"

"胡说！什么时候听说过你眼睛不好了？明明是不遵圣训，自私自利，不愿爱人助人，还来欺骗为师！"

方贵不敢再犟嘴，极不情愿地走到后面一个座位上坐下，无心听讲，只把眼睛盯着朱熹看，牙齿一咬一咬的。

散学后，朱熹快步穿过两个门洞，心想快点回家去告诉母亲自己拜师的情况。刚来到一座假山旁边，只见方贵带着三四个子弟赶上来，堵住了他的去路。方贵把双手交叉着抱在胸前，眯缝着眼睛看着自己的同党，他们一个个怒目圆睁，拳头攥得紧紧的。

原来，方贵是本地富豪方荣的小儿子。方荣与刘子羽一样，也是崇安有名的巨富，但不学无术、整天斗鸡走狗，他的三个儿子与他都是一个德行。平时，学生们见了方贵等人都是退避三舍，从来不敢招惹。只有刘珙三兄弟，因他们的父亲刘子羽的威势，方贵等人才有所忌惮，不敢冒犯。

朱熹对这一切都茫然无知，见方贵如此蛮横无理，出口伤人，心中早就恼了。他根本没有把这几个无赖放在眼里，刚要回击，猛然间想起母亲在父亲去世那晚教育自己从今往后要学会忍耐，便强忍了下去。

可是，方贵他们依旧不依不饶，朱熹心头的怒火再次升腾上来,真想狠狠地给方贵一拳。但是,他不能那样做,他想到了那样做的后果。

然而,方贵却岔开五指,一条胳膊照着朱熹的左脸就抡了过来。朱熹猝不及防,只觉脸上猛地一阵火辣辣的疼痛。他的拳头捏得"嘎巴嘎巴"直响,但是身体却站在那里一动不动,怒视着眼前的无赖,内心在进行着剧烈的搏斗。

终于,一个"忍"字慢慢在脑海里明朗起来,他松开了捏得紧紧的拳头。这双拳头曾经跟着武功高强的叔叔练过半年"千层纸"功夫,他本可以用它把方贵那癞蛤蟆嘴里的一口黄牙砸下来的。

当天晚上,朱熹只告诉了母亲自己在学堂拜师的情况,对方贵的事儿却只字未提。自从父亲去世后,母亲那本来没有一根银丝的黑发已经变得花白。他不想再让母亲为自己操心担忧,而是要自己解决一切,树立自己的威信,赢得自己的尊严。

第二天,朱熹与先生打了个招呼,就默默地端着自己的书匣子坐到最后面的座位上去了。胡宪从他的眼神中已经读懂了一切,一句话也没说,只在心里暗暗赞赏。

从那以后,朱熹就更加用功读书。白天,在家塾里他全神贯注,听先生教授学业;晚上,他就在昏暗的油灯下发奋苦读。有时,碰到疑难的问题,他总是想尽办法去解决,常常穷究到天明。

不久,朱熹渊博的经学知识、超人的诗才,就在所有同学中崭露头角,没有人再敢轻视他。相反,绝大部分学生都来亲近他,以同他交友为荣。

多处虚心求学

　　朱熹的父亲朱松生前清正廉明，因而在去世时并没有给妻子孩子留下什么家业。朱熹与母亲、幼妹寄身于他处，无论生存和发展都需要用到钱。但是，朱家目前的积蓄十分有限，只能维持短期内的基本生活，总是依靠他人也不是长久之计。虽然朱熹的母亲也会做一些零工来贴补家用，但无论如何，日子久了，就必须有固定的经济来源。然而，家中唯一的男丁是只有十五岁的朱熹，这个艰巨的任务便落到了他的肩上。

　　所谓"三百六十行，行行出状元"，朱熹作为士人，他唯一的出路便是考取功名,步入仕途。当然,三位先生也深深懂得科举对于朱熹的重要性,因而他们不得不把应举的须知应会作为主要内容进行教授。当务之急,就是尽他们所能将朱熹培养成为一名合格的举人。

有了明确的目标,为了使朱熹应举成功,三位先生督课的主要内容便是诗赋、程文,因为这是举业的基本功。其中,程文是科举考试时由官方撰定的或录用考中者所作的作为范例的文章。朱熹找来许多出色的程文认真阅读,并从中总结其特点,以便指导自己的写作。同时,朱熹还在诗赋、策论上也下了不少功夫。

研习了大量的程文后,朱熹便开始模仿,并尝试写出了许多策论等科举应用文。到了晚年朱熹回忆起这段时光也曾提到,虽然只是完完整整地写过少数的举文,但是对于科举考试的要领早已游刃有余了。

年少时窘迫的经济条件,迫使朱熹对举业产生强烈的需求。然而,随着知识的积累、见识的提高,朱熹发现自己学习的真正兴趣根本不在举业,他此时已经深深明白"为己之学"的重要性。所谓"为己之学",强调一个人的学习主要是为了要提升自己内在的修养水平,并且增进自己的学问;其本质是探讨如何做人、如何做好人的问题,而举业却看起来有明显的功利性。最终,强烈的求知欲,把朱熹引向了圣贤经传。在朱熹的这一转变上,刘子翚起了一定的影响。

在不断受教的过程中,朱熹发现刘子翚的视听言动与他教人的猎取功名之术似乎不同。有一天,朱熹找到机会向刘子翚询问其中的缘由。刘子翚对朱熹提出的问题感到十分诧异,并对他产生"为己之学"的疑惑感到非常高兴,向他说明了自己读书治学的态度。

原来,刘子翚少时聪明好学,才华横溢,取第如探囊取物;然而,他却不把那些功名利禄放在眼里,壮年时辞官还家,潜心经传,修身养性。随后,他的身影经常出现在屏山下的园林里,俯仰其间,或玩赏水木竹石,或沉酣于六经、覃思理趣。

刘子翚十分喜欢朱熹这个弟子,给他取字"元晦"。晦,就是饱学涵养、充实自身、含而不露,而不是喧嚣奔走、哗众取宠。只有这样,才能超凡脱俗,日入于圣贤之域。后来,朱熹为了表示谦虚,把代表万物之始的"元"字改为"仲"字,称"仲晦",晚年则号"晦翁"。

当然,除了刘子翚之外,刘勉之、胡宪同样也在学问上给朱熹以引导。

刘勉之自幼努力学习,一天能背诵几千句诗文。他是一个个性鲜明的人,疾恶如仇,性格耿直倔强,从不攀附权贵,也不会毫无原则地附和他人。

刘勉之像对待儿子一样教导朱熹。他常常把自己的亲身见闻讲述给朱熹听,把自己的读书方法——

读书的次序、读书的精读略读、读书的内容选择等——
都讲给朱熹听,从而对朱熹之后的学习产生了深远的
影响。

朱熹还经常到胡宪家中请教。胡宪为人比较宽厚,
没有老师的架子,平易近人、性格沉静,在三位先生中
最为随和。因而,在胡宪面前,朱熹不会显得那样拘谨。

在去三位先生那里求教的过程中,朱熹还见结识
了范如圭,以及胡宪的弟弟胡寅。这两位都是当时的
名儒,他们的言行举止、伟大思想,都给当时的朱熹留
下了十分深刻的印象。

对禅学的迷恋

在三位先生的谆谆教导之下，朱熹夜以继日地攻读经书，并钻研周敦颐、程颢、程颐、张载的著作。每天清晨，鸡鸣未响，却早已能听到朱熹高声诵读的声音。夜深已至，万籁俱寂，朱熹依然手不释卷在灯下苦读。

然而，朱熹求学的道路并不是一帆风顺的，正当他勤勉上进，徜徉于书山学海之中的时候，禅学几乎使他放弃学业，走上另一个极端。

当然，这与悉心教导他的三位先生有很大的关系。他们虽然是儒士，但同时又都是佛门信徒。

当年，刘子翚还在莆田（今福建莆田）做官时，机缘巧合下认识了一些僧人道士，对他们所宣扬的清净寂灭的思想产生了浓厚兴趣。其后，刘子翚便整天与刘勉之、胡宪谈论禅学，他们时常广泛地结交僧人道士，结识了名僧宗杲、圆悟、道谦，以及武夷山冲祐观的道士。

三位先生在教育朱熹的过程中，也加入了禅学思想。他们认为，要想将所学的知识融会贯通，仅仅依靠外力是不够的，还需要利用禅学思想实现内心的彻底觉悟。

就这样，在三位先生的影响下，朱熹对禅学产生了狂热的迷恋。他常常夜以继日地苦读禅宗语录，字字咀嚼，体会其中深意。他还经常与宗杲禅师通信，请教禅学的要诀。

然而，真正引导朱熹走上禅学之路的，则是当地一位名叫道谦的僧人。道谦禅师,姓游,武夷山五夫里人,世代以儒学为业。他早年丧父母,因孤苦而愿从佛。初拜圆悟大师为师,后又从师于大慧宗杲禅师,参禅二十年。

朱熹很早就从刘子羽等三位先生口中了解了道谦禅师,并对他产生了仰慕之情,但是一直没有机会与他见面。后来,道谦归乡居仙洲山开善寺,与刘勉之、刘子翚等交善,并在一起探讨学问。他还收集了其师言论编成了《大慧禅师语录》等。终于,朱熹有机会见到慕名已久的道谦了。道谦也十分喜欢朱熹的性格,二人一见如故。短短几天之后,朱熹焚香礼拜,决心向道谦学习禅学。

从此,朱熹几乎每天都要前往开善寺,聆听道谦的禅学。他甚至觉得,自己过去不关注内心体验,而整日辛苦埋头于那些儒学经典,实在是走错了道路,白白浪费很多时光。于是,朱熹决心遵从道谦的教诲,一心学禅。每次他从开善寺归来后,道谦的喃喃细语一直都萦绕在自己的耳畔。他还对白天听到的禅学不解之处进行苦苦思索,有疑问的地方留到第二天向道谦问个清楚。

然而,学禅之后,朱熹之前努力积累、不断丰富起来的学业被搁置了,一本本经典的书籍也被他束之高阁……

绍兴十六年(1146 年)十月,朱熹得知了一个令人痛彻心扉的消息,刘子羽先生在家中病逝了。当年朱熹的父亲去世的时候,刘子羽对朱家施以援手,竭尽全力地帮助朱熹料理后事,并悉心地照料朱家孤寡。朱熹来到刘氏家塾后,刘子羽继续予以照顾。所以,朱熹十分感念刘子羽的恩德,视刘子羽夫妇如父母,终身铭记他们对自己的教诲。

世事无常,刘子羽的去世让朱熹感悟良多,一瞬间觉得自己已经不再是孩子,应该承担更多。之后,他便从禅学的迷恋中醒悟过来,将丢下的学业再次拾了起来。一年之后,他就要参加科举考试,于是,他抓紧时间勤奋学习,为之后迈入仕途奠定了坚实的基础。

考中进士

绍兴十七年(1147年),宋高宗改封秦桧为益国公。进士施锷等人为秦桧撰《中兴颂》《行都赋》《绍兴雅》等十篇歌功颂德之作。秦桧大喜,提拔了施锷等人,从此颂咏献媚的人越来越多。

在这样的大背景下,十八岁的朱熹来到建安城参加乡试。乡试是由各地州、府主持考试本地人,一般在八月举行,各地的主考官均由皇帝钦派;中试的被称为举人,第一名称解元,第二名称亚元。中试的举人原则上就获得了选官的资格,并且有机会参加第二年在京师举行的会试。

在决定自己命运的关键时刻,面对威严的考官,许多考生都面露怯意,但朱熹却表现得淡定、从容。他执起笔来挥洒自如,毫无迟滞为难之意:儒家经典、禅学妙语,信手拈来;古往今来、天下之事,尽述笔端。

乡试结束后,考官蔡兹从一大堆试卷中,终于见到一份令他十分满意的卷子。他对人说:"吾取中一后生,三篇策论都要为朝廷措办大事。此人他日必非寻常。"这份试卷,正是朱熹所答。

朱熹如愿以偿,顺利地通过了乡试。这本是一个令人振奋的消息,然而,朱熹却怎么也高兴不起来了。这年冬天,朱熹得到了刘子翚病重的消息。他放下手中所有的事务,马不停蹄地赶回屏山探视。

朱熹每天都侍奉在刘子翚的身旁,亲自为他煎药、喂药。在生命的最后时刻,刘子翚也没闲着,将自己生平治学的心得和经验全部传授给了朱熹。

十二月,刘子翚去世了。朱熹和家人一起开启了老师生前封存的几封遗书,这些遗书大都是老师对自己身后家事的安排,只有一封是专门留给自己的得意门生朱熹的。在信中他表达了自己对朱熹的期望,同时勉励朱熹日后成就大业。

刘子翚生前的提携、谆谆教诲,还一幕幕浮现在朱熹的眼前。此时,两人却阴阳相隔。朱熹同刘家人一同含泪安葬了刘子翚的遗体,料理了他的后事。

第二年——绍兴十八年(1148年)——春天,尚书省礼部举办了三年一度的全国进士考试,四面八方成千上万的举子聚集到临安,这是关系到每个学子前途命运的关键时刻。朱熹抱着志在必得的信心奔赴京城。

考试终于结束了,考生三五成群,讨论着考试的内容,然后如潮水般涌出院门。放眼望去,大街小巷挤满了游玩的举子,人声喧哗,一片欢声笑语。朱熹此次重游京城,繁华的都市令他目不暇接,儿时的记忆再次浮现在他的脑海。

二月的临安,寒风料峭,但因为学子们的到来,这里充满了生机与活力。几天之后,学子们期盼已久的发榜之日终于到来了。朱熹挤到万头攒动、人声鼎沸的尚书省门前,一张张大红榜映入眼帘。

朱熹极力地寻找着自己的名字,状元王佐之名首先跳入眼帘。接着一甲、二甲、三甲……他都没有看到自己的名字,心里怦怦直跳。他的眼光疾速地扫过一行行姓名,最终在接近纸尾的地方停住了,上面赫然地写着:

第五甲第九十人:朱熹。

朱熹欣喜若狂,颇有"春风得意马蹄疾,一日看尽长安花"之意。一切平静下来之后,他一身轻快,踏上了归途。他初出茅庐,意气风发,再加上天生就喜欢结交名人志士,于是一路拜谒了沿途许多名人。

当时衢州的知州是张嵲,朱熹前往拜访。这位前辈豪迈洒脱,评诗论文滔滔不绝,朱熹听后不禁肃然起敬。就这样,朱熹以十九岁的初学小子,成了张嵲的座上客。凯旋的朱熹,一夜之间成了建安的名人。

四月,好消息传来:朱熹赐同进士出身。朱熹之前所有的努力都没有白费,此时正收获着累累果实。虽然他也许还不清楚自己要做什么,但胸中有一股强烈的冲动在汹涌翻腾,如同大鹏一样展翅翱翔,扶摇直上九万里。

多位亲友离世

刘勉之先生没有儿子，当初见朱熹勤勉好学，将来必成大器，就在他赴京赶考前将女儿刘清四嫁给了他。如今，就在朱熹马上要步入仕途的欢庆时刻，刘勉之却生了一场大病。朱熹得知岳父病重的消息后，便疾速前往探视。

继刘子翚先生去世后，绍兴十九年（1149 年），刘勉之先生也悄然地离开了人世。如今，在朱熹父亲托孤的三位先生中，只有胡宪先生尚在。但是，胡宪先生行踪不定，朱熹不能与他朝夕相处，而此时正是朱熹即将步入仕途的关键时期,许多的问题萦绕在心头,让他有些茫然无措的感觉:儒家教他致力于圣贤经传,而禅宗却教他捐弃书册、清心寡欲,这两种思想不断地纠缠着他,使他心绪烦乱、无所适从。

虽然在长辈和亲友们的眼中,朱熹登第算是苦尽甘来,之后的荣华富贵已经指日可待了,但是,朱熹并不热衷于这些,他有着更远大的志向。

朱熹饱读诗书,对于历史也十分痴迷。当然,对于史学家司马光更是崇拜不已。偶然的机会,他听说洛阳人范仲彪来到了崇安,于是就特地前去拜谒。为了躲避祸事,范仲彪从信安来到崇安。他娶了司马光的孙女为妻,因此收藏了很多司马光的遗墨,并且对司马光的家事也比较熟知。

在他们不断交往的过程中,朱熹从范仲彪那里了解了许多司马光的往事。朱熹还从范仲彪那里品读了司马光晚年写作的《潜虚图》一书。因为司马光还未完成就去世了，所以这本书与通行本有很多不同的地方，并且缺字较多。

秋去冬来，转眼到了岁末。这一年，朱熹特别想回故乡婺源看一看，因为故乡是个充满回忆的、让人时刻惦念的地方。

回到故乡后，朱熹深切地感受到了亲戚朋友的热情。大家聚在一起过年，访亲拜友，热闹非凡。

朱熹热情好客，喜欢结交名士。他多次拜谒了以文辞德行为乡里人所尊重的钟山先生李缯。钟山先生一生潜心研究学问，不事科举，与朱熹的父亲同属"星溪十友"。

之后，朱熹又专程前往德兴拜访了当时著名的诗人董颖。董颖，字仲达，为宋徽宗宣和元年（1119 年）进士，曾官学正，与韩驹、徐俯、汪藻等人往来频繁。董颖

对朱熹早有耳闻,并见过他的习作,对他赞赏有加。他

们二人一见如故,董颖将自己作的《霜杰集》三十卷给

朱熹看,朱熹也为他留诗道:

> 先生人物魏晋间,题诗便欲倾天悭。
>
> 向来无地识眉宇,今日天遣窥波澜。
>
> 平生尚友陶彭泽,未肯轻为折腰客。
>
> 胸中合处不作难,霜下风姿自奇特。
>
> 小儒阅阀金匮书,不滞周南滞海隅。
>
> 枌榆连阴一见晚,何当挽袖凌空虚!

除此之外,朱熹还结识了祝直清等名士,他们之间

不断往来,相互切磋,同时还反复讨论了学业等相关

问题。

这次朱熹回到故乡,前后有半年之久。绍兴十九

年(1149年)五月,天气转暖,朱熹便离开婺源,返回

崇安。

在归途中，朱熹得知道谦禅师就在仙洲山，便前去拜访了他。不久之后，朱熹收到了道谦的来信。打开信后他感到十分诧异，因为他发现这不是道谦的亲笔，而是找人代书的。朱熹便预料到，道谦的病情可能已经特别严重了。

后来，朱熹接到了僧人带来的口信，说道谦想见他一面。朱熹知道情况不妙，立刻就答应了。他草草地收拾了一下，正准备出门的时候，却被告知道谦已经去世了。

虽然对道谦的病情早就知情，但他去世的消息还是让朱熹感到十分突然。朱熹一时还无法接受这样的事实，他的心中充满了悲伤和失望。禅学上的引路人也仙逝了，而今后漫长的求学之路就得靠他自己去摸索了。想到这里，朱熹有些怅然若失。

第二章

步入仕途

接任同安县主簿

绍兴二十一年（1151 年），距离朱熹赐同进士出身已经过去了三年。按照当时朝廷的规定，只有中了进士的人才可以直接授官，如果只是赐出身者则需要再通过考试才可以入仕为官。

朱熹虽然淡泊功名，但生活的压力不可全然不顾，因为他是家中唯一的男丁，是全家的顶梁柱。此时，他们朱家迁居崇安已经八年了。这些年来他们依赖不多的积蓄和微薄的田租，也能勉强维持生活，但不是长久之计。

朱熹不得不考虑全家的生计,并亲自操持家庭生活中的一些事情。每当遇上婚丧娶嫁、生老病死等情况,朱熹总是忧心忡忡,心绪烦乱,因为此时总会显得生活捉襟见肘。所以,朱熹不得不选择走上仕途。

　　就这样,朱熹再一次来到了临安。很快,吏部组织铨选考试,朱熹顺利通过了,同时被授予左迪功郎、泉州同安县(今福建厦门市同安区)主簿待次。待次,是指官吏授职后,依次按照资历等候朝廷补缺,直至有通知的时候再去赴任。

　　朱熹可是个闲不住的人,利用这段闲暇时间四处拜访名人,同他们交流切磋,丰富自己的学识,并从中获得教益。朱熹这种结交名士的习惯,令他终身受益匪浅。

　　在临安,朱熹拜访了父亲的好朋友钟世明。之后,他还辗转到了湖州,拜谒了尹焞门人徐度。除此之外,他还拜访了名儒范浚、好友丘义。

绍兴二十三年(1153 年),泉州同安县主簿职位空缺,朝廷下达旨意,要求朱熹前去赴任。听到这个消息,朱熹内心十分激动,虽然他的志向不在做官,但这将是他把多年所学的儒家治国安民的道理运用到实践中去的好时机,所以他的心中充满了期待。

朱熹马上就要去赴任,刘家亲朋在山馆为他置酒设宴,高朋满座,热闹非常。觥筹交错,酒过三巡,众人吟诗赏花,为朱熹饯行。朱熹置身于这样的环境中,抬头看到满树的海棠花,提笔作诗,表达了自己心中的不舍,以及对朋友深切的感激之情:

> 景暄林气深,雨罢寒塘渌。
>
> 置酒此佳辰,寻幽慕前躅。
>
> 芳树丽烟华,紫绵散清馥。
>
> 当由怀别恨,寂寞向空谷。

出发的日期马上就要到了,此次要去的同安在泉州的南面,濒临南海,距离崇安十分遥远。朱熹决定在离开之前再去看看父亲。

此时距父亲去世已经过去了十年。这十年间,朱熹经历了很多,也成长了很多。父亲坟地四周也已经松竹成林,开满了各种野花。朱熹默默地为父亲的墓地拔去野草,然后举香叩首,表达自己的思念之情。

之后,朱熹来到灵梵院,把看护和祭扫父亲坟墓的事情拜托给了寺僧,千恩万谢之后才离开。

四月,朱熹的夫人已经有了几个月的身孕,便不能随他一同前往。最终,朱熹告别了母亲和各位亲戚朋友,独自踏上旅途。

同安与崇安相隔近千里,从此朱熹将要背井离乡,可能很多年也不能回来,对故乡的眷恋之情油然而生。朱熹畅游于山水之间,依依不舍。但离别的日子终将到来,他沿着建溪向南行驶而去。

拜谒李侗

在前往同安的途中,经过延平(今福建南平市延平区),朱熹谒见了名儒李侗。李侗,字愿中,学者称其为延平先生。李侗为程颐的二传弟子,年轻时拜杨时、罗从彦为师,得授《春秋》《中庸》《论语》《孟子》。学成后退居山田,潜心儒学,威望极高。

同时,李侗还是朱熹父亲的同窗,他们同师罗从彦,过从多年,建立了十分深厚的友谊。朱熹年幼的时候常常听父亲谈起李侗,但一直没有机会与他相见。此次南行,朱熹终于得偿所愿,拜访了这位慕名已久的大儒。

李侗为人随性温和,他平时总是默不作声,喜欢一直静静地坐着,但是他的精神看起来十分好,丝毫没有颓废之意。他居住的屋子既矮小又狭窄,但是,里面十分整洁,所有的物品都摆放得井然有序。

李侗学问渊博,造诣颇深,虽然深居简出、闭门读书,对天下大事的计划谋略和远见卓识却令人惊叹。李侗的理论主要有"默坐澄心""体认天理",主张人在认识上有了疑问要通过"静坐思之",才能激发人的智慧和灵性,才能达到"明人伦、察天理"的认识高度。

在研究方法上李侗提出要"理一分殊",主张研究问题要一事一事地反复推寻,要循序渐进,"别穷一事",有着从特殊到普遍的朴素辩证法,实属难能可贵。

朱熹此次拜访李侗,收获颇多。他开始对往日所学的知识进行反思。此时他可能还想不到,这次的拜访在他今后的思想历程中将产生多大的影响。

几天之后，朱熹告别了李侗，乘舟东下。经过福州时，他还访问了当时闽中的名儒李樗。李樗，字迂仲，曾经与林之奇受业于吕本中，以《诗经》学见长。朱熹很早之前就对李樗有所耳闻，此次拜访了这位长辈之后，对他的温和纯粹的性格更加仰慕了。

之后，朱熹还去了兴化，在那里拜谒了大儒林光朝、方次荣，并专程前去听他们讲学。二人精彩的论述深深地吸引着朱熹。百忙之中，朱熹还针对《论语》中有疑惑的地方，向林光朝虚心请教。林光朝独特的观点，深深地启发了朱熹。

初次断案

经过大约半个月的旅途奔波,绍兴二十三年(1153年)七月初,朱熹终于到达了同安。这时,他得到了家中传来的好消息:刘夫人生下了他们的第一个孩子朱塾。

朱熹到达同安的那天,天色尚早,因此他不急于到县署去报到,而是想先去看看县学。县学在城隍庙附近的大成殿后,朱熹没费多少工夫就打听到了。来到门口,只见里面八间破屋,挂着一块油漆脱落的木匾,上面写着"同安县学"四个灰暗的大字。

朱熹叫了半天门，才出来一个眼花耳聋的驼背老人。朱熹耐心地问了他个把时辰，才把县学的大概情况弄明白。原来，这个县学因为县官们久不过问，一天天地衰败下来了，如今只有十几个生员和一位先生，上午上学，教一些举业的文字，不到中午便都散去。

朱熹心想："如此县学，岂能担当起培养人才的大任！"出门后，天色已晚，他就在附近找了家不起眼的小客店住下，等次日再到县署去报到。

第二天，知县陈元滂坐堂。朱熹进去，抬头望见匾上大书"佑贤堂"三字，那陈知县端坐匾下，神态温和。朱熹呈上文书及几封朋友推荐的书札。陈知县非常高兴，说："先生是博学贤才，下官早有耳闻。天赐良缘，今日您能够放下身段来到我们县里，真是我们的荣幸，下官今后一定多多向您请教。"

"大人言重了！属下初登仕途，乳臭未干，怎么能与大人同日而语！”朱熹深施一礼。

"先生过谦了。常言道：'有志不在年高，无志空活百岁。'当年诸葛孔明初出茅庐，火烧新野，舌战群儒，赤壁鏖战，也还是二十多岁的青年！"

陈知县说着话就要退堂，忽然报外边有人告状，陈知县对朱熹说："先生来得正好，如果不觉劳累，就帮下官推断此案。且先看他告什么。"

陈知县邀请朱熹就坐在自己的左手边，喝令传告状人来。不一会儿，衙役带进一胖一瘦两个中年人来，胖的肥头大耳、衣着华丽，瘦的脸如松皮、身似枯柴。二人一齐跪在地上。

知县开言道："下跪何人，状告何事？"

那肥头大耳的汉子直起身子，抢先说道："草民叫金贵，状告胡三，他霸占我祖上的坟地。望老爷替我做主。"

"冤枉！"金贵话刚说完,知县还未开口,胡三就喊起冤来,"县官老爷,我世世代代住在胡家村,房子也是我的爷爷辈留下来的。前几天,金贵突然来说我家屋场宅地是他祖上的坟地,这不是天大的冤枉吗?"

陈知县听了,喝道:"金贵,你说他家宅地是你祖上的坟地,有何凭据?"

金贵不慌不忙地从袖中取出一纸文书,说:"近日在我家神龛上找到了这纸买地文书,所以知道是我家的祖坟地。"

衙役接过文书呈给陈知县。陈知县摊在手上,微侧身与朱熹同看。千真万确,确实是一纸买地文书,上面写明了什么时候买了哪里的土地,后面有证人的名字,还押了一方官印。从墨迹纸张看,似乎已经存放多年,看不出有什么破绽。

陈知县见证据确凿,心想案子这么简单,真是运气好，就干脆利落地把它断了吧，也好在新下属面前显示出自己做事果断。他拍一下惊堂木，正要开口问罪，却看见朱熹连连向自己使眼色，只好暂时打住。他歪过头去听朱熹耳语了几句，继而发话道："金贵，你还有别的凭据吗？"

"草民想，既是我家祖坟地，必然就有我家祖辈的坟葬牌石，老爷何不派人去挖开一验？"金贵不假思索地说。

"好，就依你言，挖地验坟！"

随后，知县带着朱熹来到胡家村，命几个身强力壮的衙役按金贵的指点挖掘，果然挖出几段枯朽的人骨、几块朽棺木和一块石碑。石碑上字迹依稀可辨，正中刻着"故显考金公讳禄之墓"一行大字，左边落款是"不孝男金福敬立"。

乡人证实，金福正是金贵的祖父，那么，金禄是金贵的曾祖父是毫无疑问的了。至此,案情似乎再明白不过了。陈知县正想要当场结案,朱熹示意再等一等。朱熹弯腰仔细察看掘出的泥土,忽然发现了一条被利器斩为两段的蚯蚓,已经开始腐烂了。于是,朱熹心中有了数,站起身来与陈知县商量了一阵,陈知县连连点头。

朱熹笑眯眯地对金贵说:"此地虽然是你家的祖坟,但是胡家已在此居住数辈,按理已不再属于你家。看在你孝心可嘉的份上,可把此地判给你。但是,你必须拿出一百两银子作为胡三迁居建房的费用,你愿意吗?"

"大人明断,草民愿意。"

金贵本来是因为夜晚做了个梦,梦见有神人告诉他这是块宝地,因此就想强占此地。那些文书和石碑都是他做过手脚的,见这位主簿老爷似乎精明得很,怕再闹下去露了馅,只能忍痛应承。

朱熹又问胡三:"你愿意领这一百两银子,然后把家搬到别的地方去住吗?"

胡三心想,自己恐怕三辈子都挣不来一百两银子,这块破地有什么要紧,搬到哪儿不是居家过日子,于是满口答应了。金贵回家取了一百两银子交给了胡三。胡三捧着银子乐得眉开眼笑。于是当场写了文书,知县大人亲自作证,双方押了手印。众人散去,朱熹与知县相视大笑。随后,朱熹亲笔在石头上写了四句话:"此地不灵,是无地理。此地若灵,是无天理。"

金贵第二天就把父亲的坟墓迁到了这块花血本买来的"善地",看见朱熹的题语,心中很不高兴,连忙叫人磨去。

事情也怪,本来金贵有万贯家财,在当地也算得上是巨富之家,现在又得了善地,照理应该更加发达。可是,自从朱熹题了字之后,金贵家就灾祸不断。先是病死了妻子,继而又打输了一场官司,赔了三四千两银子。官司未了,又被一伙盗贼把家中钱财偷了个精光,落得不名一文,自己又不会谋生,穷得过不下去,最后悬梁自尽了。

整顿赋税、县学

朱熹正式坐堂办事,主要是协助知县管理簿书、赋税、教育等事务。朱熹到任后,首先清点赋税簿册,并定下规矩,今后逐日点对,杜绝了官吏作弊的门径。收税时间到了,朱熹亲自书写榜文,派人四处张贴晓示,限期交纳,过期不交即予处罚。

由于朱熹公正勤敏、清贫俭朴,为士民做榜样,对百姓则恩威并施,说到做到,所以在他上任后不久,同安一县赋税难收的问题就解决了。官府有了正常的赋税收入,百姓也不觉得苛重,能够承受。

　　朱熹还发现,不仅是同安县,其他各县也因为没有对百姓的田地进行实地核查,簿籍所记录的已经在很大程度上与实际情况有所不同,普遍存在着版籍不正,田税不均,税、田脱节的严重弊病。有些贫苦的人家可能早就因为破产而失去田地,但是税籍依然记录着他们的信息,没有及时更新;而很多富家巨室却因吞并田产而隐匿逃税。因此,朱熹认为重新丈量并核实土地的真实情况,势在必行。

　　朱熹便着手正籍均税,实行经界。经界,就是重新核查土地,按田造籍,按籍纳税。朱熹提出经界,既维护了官府的财政收入,也实现了他体恤贫困、抑制豪强的想法。

　　朱熹雷厉风行,对所在县各方面进行大刀阔斧的改革,并取得了一定成效。

　　知县看到朱熹一来局面就有所改观,所以对他更加倚重,几乎凡事都要与他商量解决。如此一来,朱熹虽为主簿,其实所管的事务已大大超出了自己的权限。

日复一日的忙碌,令朱熹筋疲力尽。不久,母亲及妻儿的到来,给他的生活增添了许多乐趣。当初朱熹赴任时,夫人临产便没有随他前来。此次全家人团聚,朱熹很早就开始忙着张罗收拾居室,堂上拜母,膝下弄儿,一家尽享天伦之乐。

就这样,在繁忙的工作中,朱熹在同安任上度过了第一个年头。第二年——绍兴二十四年(1154 年),他将自己大部分精力投入了县学的整顿。

当时县学条件简陋,师资力量不够,生员较少,同时学校的纪律也不明确,形同虚设。

朱熹认为,想要大力发展县学,就要建设足够的学舍。但当时的学舍只有两斋,朱熹认为这远远不够,于是将其扩充为四斋,并分别命名为"志道""据德""依仁""游艺"。

同安县有位行年五十的进士名叫柯翰,长于经学。朱熹聘他为直学(书院中掌管钱谷者),让他专任讲经之事。

同时,朱熹还允许校外士人可以通过补试的方式入学,以便充实县学的生员。在临近考试的时候,有些吏人按照惯例请求延期开试,但是朱熹断然拒绝,答道"决不延期",以保证入学的公平性。

为了提高县学的教学质量,朱熹全面更置课程,以经义为主。他让直学柯翰讲授《礼记》,而自己则亲自为学子们讲授《论语》。朱熹还特别重视教学方式的改进,开辟了教学讲座,通过问答讨论的方式解决教学中的疑难问题。

朱熹采用比较民主的方法,整顿教学的纪律。他与学生进行商议,一同制定了合理的学规;同时还与学生约法三章,如果有人违反学规,一定严惩不贷。他还完善了县学的考试制度,并且亲自出题来考查学生。

朱熹清楚地知道,仅仅采取这些措施,依靠外界的力量是远远不够的,必须让师生在思想上明白学习的重要性,才能解决根本的问题。他也十分注重对学生的劝说和引导,把自己总结出的观点与士人学子进行交流。经过他的大力整顿,县学初具规模,面貌焕然一新。

领略到治学的甘甜

绍兴二十四年（1154年）七月，在同安的官舍里，朱熹的次子朱埜出生了。

没过多久，朱熹奉命前往漳州处理事务。在那里，他拜访了漳州教授（官学中的学官）陈知柔，同时见到了同年进士——时任长泰县令——金鼎。

陈知柔，字体仁，号休斋居士，永春人。他与奸相秦桧之子秦熺是同榜进士。当时的人们多以阿谀奉承而通显贵，但他却不愿随俗而遭到排斥。

朱熹慕名前去拜访陈知柔。在公务闲暇之时，他们白天相携游览名胜,夜晚则聚在一起,以诗词互相唱和、互相酬答。

第二年春天,朱熹又奉命前往福州,向当地报告相关的政务。这次他取道渔溪驿,夜晚住在襄山寺中。在寺中,他写下了一首诗,诗中记录了事情的经过,看到的景物,以及他对前途的思考:

晓发渔溪驿,暮宿襄山寺。

云海近苍茫,溪山拥深翠。

行役倦修程,投闲聊一憩。

不学塔中仙,前途定何事?

在福州,朱熹初次相识了随父亲在官的吕祖谦。吕祖谦,字伯恭,原籍寿州(今安徽凤台)。两个年轻人聊得十分投机,相见恨晚。但他们都不会想到,对方将成为自己一生中最重要的理学同道。

　　从福州归来,朱熹最大的收获就是为县学争取到了安抚司直接拨给的许多卷图书,这将大大丰富县学的旧藏。

　　安抚司拨下的书卷到来之后,朱熹亲自对县学的旧藏进行整理。同时,对于借出在外的书籍,他又逐一行文搜求。最终,他将这些书卷重新装订,总共有一千余卷,统统登记在册,然后妥善收藏。

　　整理完藏书之后,朱熹依旧没有停下来。他想在县学内建起一所书楼。他到处划策筹资,将这所书楼建成,名曰"经史阁"。

　　在任职期间,朱熹还十分注重当地的风俗礼仪。他认为礼仪是人们共同认可的行为规范,是防止祸乱的根本。他参考《礼仪》《周礼》《唐开元礼》《绍兴祀令》等相关记载,设计出了一套在祭孔子时使用的礼器、仪仗和服装。重视风俗礼教的意识,贯穿他以后整个仕宦生涯。

经过朱熹的努力,县学之风大为改观。在这种环境下,士人们纷纷向学,当时就有如许升、王力行、陈齐仲、徐元聘、戴迈、林峦、吕侁、杨宋卿等好学善问的人,同时也吸引了士人刘子晋、叶学古等前来参与讲论。

除了给学生授业解惑外,朱熹还十分注重对他们的生活和思想加以引导。他利用自己所学,结合自己的理解,通过多种方式对学生进行培养,并且初见成效。这将扫除他初任官时的愁闷与无聊,令他领略到治学的甘甜。

对从事吏事的朱熹来说,经过两年的磨炼,与初做官时相比,他在处理所有事情时已经显得驾轻就熟了。

然而,乱民攻打同安县城的消息传来,城中的气氛顿时紧张起来。县衙如临大敌,上下紧急动员。乱民的马蹄声打破了朱熹宁静的生活。

　　县城的西北角是攻守的要地,之前乱民攻陷城池的时候常常从西北方向进入。朱熹与监盐税官曹沆被指令在那里把守。为了鼓舞士气,朱熹、曹沆登上城楼,勉励士兵:"此地至关重要,我们一定要尽最大努力守住此地。如果此地失守,我们就将死无葬身之地!"

　　在乱民到来之前,朱熹、曹沆日日巡城,准备作战所用器械,部署人力,以待死战。

　　朱熹、曹沆意识到,想要稳稳地守住县城,以弓箭作为主要守城武器是再适合不过了,但是,因为长久的太平生活,士卒们平时疏于练习,因而箭法都比较差。朱熹在城角的空地上建了一个射圃,严格要求兵士们勤于练习。不久之后,乱民闻听如此防备有章,未至城下便不战而逃。就这样,一场虚惊过去了。

全身心投入学术研究

绍兴二十六年（1156 年），朱熹在同安已经任满三年，但吏部所派的继任者还没来。按照规定，他要再等半年，如果半年后继任者还不来，他就可以自行免归。

在同安的这些年，朱熹一直住在主簿房舍。房舍年久失修，变得越来越破旧，甚至不能够居住了。于是，他就搬出县府，借住在名医陈良杰的家里。

陈氏的居所在同安县城委巷中，这里虽然不是高墙深院，却收拾得十分整洁。这里不仅有会客的房间，还有专供读书休息的房间。

朱熹与陈良杰成了要好的朋友。他们之间没有年龄的鸿沟，没有官民的隔膜，相处得非常融洽。

陈良杰发觉，在这位年轻的主簿老爷身上，儒门的积极入世、道家的恬适养生完美地结合着。外儒内道，这是他最欣赏最佩服的一种人格。

朱熹自从离开县府，偶尔在必要时处理一下公务外，就很少过问外面的事情。因而，虽然他政绩十分突出，却也很少有人前来拜访。

没有了繁忙的工作，朱熹便有更多可以自己支配的时间，经常同许升等学士潜研经旨，晨诵夜读。

许升，字顺之，号存斋，同安县在坊里人。他治学严谨，善于思考，朱熹十分赏识他。

在探讨交流的过程中，朱熹、许升遇到了很多的问题，心中积攒了越来越多的疑问。此时，朱熹就想到了自己在当初赴官路过延平时，李侗给自己的嘱托。他让朱熹有空时多读圣贤之书,并将所读之书运用到生活中来。现在,朱熹反复琢磨,觉得李侗说得很有道理。

自此,朱熹便专心研读经书,日复一日,丝毫没有懈怠。他惊奇地发现,之前很多的疑惑都慢慢解开。经书的博大精深让他叹为观止,他深深地认识到圣贤之书的重要性。于是,朱熹决定给李侗写信,谈谈自己的心得,并向他请教心中的疑惑。李侗回信给朱熹,肯定了朱熹的做法。信中写道:

> 承谕涵养用力处,足见近来好学之笃也,甚慰甚慰。但常存此心,勿为他事所胜,即欲虑非僻之念自不作矣。孟子有夜气之说,更熟味之,当见涵养用力处也。于涵养处着力,正是学者之要。若不如此存养,终不为己物也。更望勉之!

转眼间,就到了冬天。接任主簿的官员依旧没有到任。按照规定,朱熹不用再等待其他官员前来交接,可以直接离任了。

行期将近，朱熹望着这块初次试吏、付出心血的土地，依恋不由涌上心头。但是，故乡无时无刻不令他魂牵梦绕。归家心切，他草草地收拾好行李，告别僚友，带着门人许升离去。

朱熹多年为吏的生涯终于结束了。

第二年——绍兴二十七年（1157 年）——正月，朱熹回到了自己的故乡崇安。没有樊笼的束缚，他的身心轻快了许多！从此，他便专心地致力于读书求道。

绍兴三十年（1160 年）的一天，朱熹打点了一个简单的包裹，辞别了母亲妻儿，徒步往南剑州去，向延平大儒李侗问学。

这期间，朱熹正式受学于李侗。李侗总是常常教诲朱熹要"只看圣贤言语"。在李侗的引导下，朱熹读了很多圣贤书。此后，朱熹就主要以儒学来建构自己的哲学体系。不过,他并没因此而抛弃佛学,而是把其内化吸收到自己的知识体系中。

在长时间的接触过程中,李侗发现朱熹是一个不可多得的人才。他对这个学生特别满意。在《罗博文书》中,李侗夸赞朱熹道:"我这个学生信仰儒家的仁义学说,并且学习非常努力,是我们这类人中少有的。在我晚年,他同我一起探讨疑难问题,这让我深感欣慰。"李侗有这番感慨,是因为他觉得自己的学说终于后继有人了。后来,朱熹不仅继承了李侗的学说,而且成就还远远超过了他。

朱熹不仅向李侗请教,还广泛地听取别人的见解。朱熹回到崇安后经常向胡宪、范如圭求教。在研究学术的过程中,朱熹务求真知,同时还常常总结自己的心得与他人进行交流。

当时有许多学者前来向朱熹问学,他总是知无不言、言无不尽。这便是朱熹私居讲学的开始。

朱熹在同安任职的几年间,俸禄微薄,除了自己的吃穿用度之外,还不断地接济那些家境贫寒的弟子,对家里的照顾实在不够。而今,朱熹离任回家,俸禄中断,家中没有半点收入。但上有年迈老母,下有幼小儿女,经济问题必须尽快解决。因此,朱熹便向朝廷申请祠职。

祠职,本为安置年老力衰或与朝廷意见不合的高级官僚的名义官职,官员没有职守,有俸禄但无须处理事务,居地听便。后来政策放宽了,官吏们几乎人人都可请祠。

一个月之后,批文下来,朱熹被差监潭州南岳庙,领取半俸。这样,他不用担任实际职事,也可以有固定的收入,能够安居在家。这对朱熹来说,将是他最好的安排。

从这以后,朱熹屡次请祠,他的一生共做祠官十二

次,累计二十一年零十个月。在祠禄的支持下,他才得

以解除生计的后顾之忧,全身心地投入学术研究中去。

为抗金建言献策

绍兴三十一年(1161年)秋天,金主完颜亮动员千万军队,分四路大举南侵,想要一举消灭宋朝。消息传来,南宋皇帝赵构惊恐万状,准备解散百官、后宫妃嫔,浮海避敌。由于右丞相何康伯坚决谏阻,他才暂留临安观望。

何康伯建议皇帝命中书舍人虞允文率兵抗战。虞允文整顿军队,激励士气,一举击溃了准备渡江的金兵。其他地方的宋军,也取得了重大胜利。不久,金主完颜亮在扬州被部将杀死,南宋朝廷趁机收复大片失地。

这些消息传到朱熹那里，他抑制不住心头的兴奋，欣然提笔，赋诗七首，题为《闻二十八日之报，喜而成诗》。其一曰：

> 胡马无端莫四驰，汉家元有中兴期。
> 旆裘喋血淮山寺，天命人心合自知。

但是，朱熹并未被眼前的胜利冲昏头脑，他认为目前从总的国力来看，还是敌强我弱。所以，他给当时负责军事的大臣知枢密院事黄祖舜写了一封信，认为完颜亮的死不过是老天保佑，既不是谋臣的奇策良谋，也不是群帅攻城野战之功。

朱熹认为，虽然金兵北逃，但此时朝廷要想进兵中原，也不是一件易事，所以要先厚蓄国力，使国之根本坚固而不动摇。朱熹还说，朝廷上能办好此事的人，只有以前被排挤的大臣张浚。张浚于绍兴四年（1134 年）任宰相，因重用岳飞、韩世忠等人遭秦桧排挤。朱熹在信中希望朝廷给张浚以抗金大任。但是，赵构只求苟安，抗金的胜利反而成为赵构、秦桧向金国屈降的进献礼，所以这激起了正直大臣和全国人民的强烈愤慨。

绍兴三十二年（1162 年），在全国一片反议和、主抗战声中，赵构退位，其子赵昚即位，是为宋孝宗。

宋孝宗贬退秦桧党人后，任用张浚为江淮东西路宣抚使，加封少傅卫国公，统率兵马，并给岳飞平反。

八月七日，朱熹向宋孝宗上了一道奏章，提出建议三项：一是讲求"格物致知"之学，二是罢黜和议，三是举贤任能。

在这一时期中，他一再尖锐地反对议和，并看到了"六军万姓"的人心向背。

隆兴元年（1163 年）三月，宋孝宗要召见朱熹，但朱熹上表推辞了。随后,朱熹写信向李侗求教。李侗在信中认为,国家衰弱的根源是道德不振,人"义利不分";要使中国强盛,必须发扬道德。

十月,宋孝宗再次下诏催促,于是朱熹应诏赶到临安。这时,由于宋兵出师不利,一年前的抗战热潮已不复存在了。因此,朝廷又派王之望到金国议和,妥协的气氛又开始在朝廷上弥漫开来。但是,朱熹仍然强烈反对议和,后来他受诏到垂拱殿奏事,连上三道奏章,慷慨陈词。

第一道奏章,再次强调"格物致知"之道,说一年来之所以没有收到"平治之效",其主要原因就是没有格物致知之道。第二道奏章,他指责派人议和是失策,说君父的仇恨不共戴天。不战就不能复仇,不守就不能制胜。第三道奏章,他认为抗敌制胜之道的根本不在乎威强,而在乎德业;责任不在乎边境,而在乎朝廷。

因此,朱熹建议宋孝宗接纳直言,斥退邪佞,堵塞后门,巩固根本。

朱熹朗读第一道奏折时,宋孝宗表情温和,时而答话;朱熹朗读第二、第三道奏章时,宋孝宗就开始默不作声了。

这次召见后,朱熹这个纯粹的议官被任命为武学博士,但要等到官职有空缺时才能上任。这时,宋朝议和大使回朝,传达了金朝苛刻的议和条件。宋孝宗在气愤之余,再度倾向于抗战。

朱熹为抗金献出了自己的计策,还亲自去见过张浚,提出北伐中原的具体想法。他建议:分兵进攻关陕、淮北等地,吸引金兵主力;然后密选精兵数万,直捣山东;同时号召中原豪杰响应宋兵。但是,张浚告诉朱熹,他只受命主持一个方面,没有这么大的权力。

后来,朱熹又见到张浚的长子张栻,要他转告张浚,决不能跟汤思退合作,然后就离开临安回崇安去了。

隆兴二年(1164 年),李侗病逝,朱熹赶往延平祭悼。

这年,宋孝宗抗战的决心再度动摇。他从前线召回张浚,罢免其相位。

八月,张浚病死。

九月二十日,朱熹专程赶往豫章(今江西南昌),在灵船上痛悼张浚。他在船上同张栻相处三天,对张栻印象很好;后来两人经常通信,共同研究理学。

在张浚死后,主和派汤思退大肆逮捕主战派官员,外通金国,使宋军大败。

宋孝宗即位之初,其本心志在恢复,但迫于当时形势,不得不与金人议和。和约规定:宋金改称叔侄之国,将岁贡改名岁币,减银五万两、绢五万匹,割商、秦之地与金,归还金人俘虏。其他内容与绍兴盟约大致相同,这就是"隆兴和议"。和议之后,宋孝宗起用虞允文,准备伺机北伐;金人则亡宋之心不死,也在积极备战。

从延平回到崇安后,朱熹有点心灰意冷,不再在仕途上存何奢望。

年底,宋孝宗改元次年为"乾道"。

乾道元年(1165年)四月,在朝廷的催促下,朱熹到临安就任武学博士,教学生学习兵马武艺。但是,朱熹一直痛恨议和,如鲠在喉,不吐不快。然而,现实的一切让朱熹彻底失望了,由于他反对议和,在朝中处处受到冷遇。他愤懑郁积,在未被允许的情况下拂袖而归。最后,还是在陈俊卿等人的斡旋之下,朱熹才能够顺利辞去新任,获得监南岳庙的祠禄,成了管理道观的、无职事的受优待之官。

再次回到崇安之后,朱熹除了闭门苦读之外,还十分重视同朋友之间的交流。当时，范念德、魏掞之、屏山刘氏，以及很多子侄，都同他一起传经授道。就这样，慕名而来，远道请问的人也越来越多。

在讲学的过程中，那些资质聪颖、好学善问的学子引起了朱熹的注意，其中就包括林用中、何镐。朱熹长期讲学，名气越来越大，前来向他请教学习的人也越来越多。这样，朱家的房舍便显得狭窄不堪。在不得已的情况下，朱熹便将讲论之所迁到了佛顶庵。

在李侗先生去世后，乾道二年（1166 年），朱熹获得了关于中和问题的醒悟，真正称得上是他思想上的第一次巨大的飞跃。这年的干支纪年是丙戌年，他的这次醒悟称为"丙戌之悟"。

《中庸》说：

喜怒哀乐之未发谓之中，发而皆中节谓之和。

中也者,天下之大本也。和也者,天下之达道也。

朱熹从师李侗之后,学习的主要内容、基本方法就是其中的真诀。在李侗先生的引导下,朱熹对中和问题中的"已发"和"未发"产生了浓厚兴趣。这也将成为他此后若干年一直努力探索的重要课题。朱熹广泛参阅程颢、程颐的一些观点,并同当时的许多学者对该问题进行了深入的讨论。最后,他得出了"心为已发,性为未发"的结论。

作《东归乱稿》

乾道二年(1166年)秋天,崇安一年一度的雨季又来临了。以往每到此时,崇阳溪就会涨水,河面变宽,但也不至于为害。可是,这一年形势却很严峻,洪水源自高山,裂石夹土,汹涌而下,冲毁道路,淹没田地。山谷中积石遍地,房屋坍塌,死伤达百人之多。

受灾最严重的是寺溪、松木、长涧、杨林四地,大水把房屋用具、家禽家畜冲卷得无影无踪,百姓死伤不知其数。恰在此时,州府传檄朱熹这个小小祠官和有名无实的武博士,同县官一起参与赈恤事宜。林用中也要随行，但是朱熹说："潭溪也涨了水，紫阳楼也很危险，你就留下来帮为师照顾一门老小吧，这副担子也不轻啊！"

朱熹并没有直接去县里，他打算先到受灾最重的地方去了解灾情，然后有针对性地提出赈恤措施。此时，暴雨不绝，洪水仍在不断上涨。他带着竹竿，披着蓑衣，挽着衫摆，拄着木棍，一步一步地在浅水中探路而行。

进入寺溪地界，只见仅存的房舍全都浸泡在水中，只露出一个个人字形的屋顶。洪水还在肆虐，不时有房屋被冲垮，露出水面的屋顶慢慢沉入水中，然后被洪水卷走。男女老幼都聚集在水中高地上，看着自己的家园被毁，亲眼望着来不及逃离的亲人或邻居被洪水卷走，一个个放声悲号……

祸不单行，在乾道三年（1167年）春夏交替之际，崇安又遭受了一场大的饥荒。当时的知县是诸葛廷瑞，他请求朱熹能够同他一起救助灾民。朱熹在里中积极奔走，他与乡人刘如愚到当地富家豪民那里，挨家挨户劝说他们将多余的存粮平价卖给灾民。但是，富家的粮米快散尽了，当地的灾情依然严重。

朱熹意识到，仅依靠富家的粮食是不够的，还需要依靠更大的力量。他们决定向建宁府借粮救灾。建宁知府了解了崇安的灾情之后，在当天便拨下了六百石粮食。朱熹率领乡人将这些粮食按人头发下，还对接济的人口进行了登记，这样崇安的灾情才有所缓解。

面对灾情，朝廷也不会无动于衷。朝廷派人携粮赈灾，安抚百姓。但是，这些官员表面上大张旗鼓地贴出告示发粮赈灾，实际上饥民却没有得到一粒米。各级官府看到这种情况，也都纷纷效仿搞起了假场面。

赈灾归来，朱熹深深地感到可怕的并不是滔滔洪水,而是"肉食者"的无意于民。他深切地感受到:如今的官僚们,对百姓漠不关心,他实在难和他们共事。恰好,他此时再次收到张栻的书信,催他前往潭州会友讲学。于是,他陪着妻儿在紫阳楼的半亩方塘边赏完中秋明月,第二天就偕同新收不久的弟子林用中踏上了前往楚山湘水的征途。

朱熹此去潭州主要目的是学术交流。经过长达一月的水陆跋涉,于九月八日抵达潭州。知州张孝祥专门派人到远郊去迎接,张栻等人也热烈欢迎朱熹的到来。他们争相为朱熹安排下榻之处。

在潭州,朱熹与当地许多学者进行了交流,并深受湖湘学派"先察识,后涵养"等观点的影响。同时,他还与张栻等人交换了研读《论语》等书的心得,并对中和问题、太极问题、乾坤动静问题等进行了深入讨论。大家的观点,不时给朱熹以启发。

紧张论学之余,朱熹还结识了一批新的学者,这也是他此行的一大收获。当时长沙县的知事王师愈,与朱熹为同年进士,从这次见面之后,他们之间建立了深厚的友谊。

在潭州,朱熹与张栻多次往访,吟咏酬唱,交情日笃。讲学之余,张栻常常邀他游湘江,有时他们针对某一问题争执不下,便前往岳麓书院继续讨论。岳麓书院,始建于北宋太祖开宝九年(976年),是潭州太守朱洞在原僧人办学的遗址——岳麓山下的抱黄洞附近——上正式建立起来的。

乾道三年(1167年)十一月六日,朱熹来到潭州已经有好几个月了,他决定离开州城。张孝祥有心留客,但是朱熹去意已决。最后,在张栻的陪同下,朱熹向南岳衡山行进。

三天之后,朱熹等人抵达衡岳之阴。当朱熹获知中兴名臣张栻之父的墓地就坐落在山北,他便俯身下马,前往凭吊。

天下没有不散的筵席,即使有太多的不舍。朱熹和林用中、范念德拜别了张栻,千里而归。归途中,他们三人陶醉于沿途的山水之间,作诗吟诵。

十二月二十日,他们三人抵达家中。此行总共作诗二百余首,回家第二天,朱熹便将这些诗辑为《东归乱稿》。

再获"己丑之悟"

朱熹刚刚从潭州回来几日,就接到了枢密院编修官的任命,他为此十分诧异。后来才知道,当他在豫章的时候,陈俊卿、刘珙二人上书荐举了他。此职比较清闲,而且又不是现缺,不需要马上上任,因而,他经过斟酌之后,决定暂时接受新任。

在上任之前,朱熹依旧全力投身于治学。他从小就受到了"二程"思想的熏陶,后来李侗又对他进行引导,他便以理学为主系统地对"二程"的著作进行钻研。

确定了方向之后,朱熹就积极行动起来。早在几年前,他就对"二程"的语录进行收集整理。到目前为止,他已经编成《程氏遗书》二十五卷,同时又在书后附了《伊川先生年谱》一卷,最后由泉州官府刊行。

从潭州归来后,朱熹曾一度对湖湘学派的"先察识,后涵养"观点赞赏不已。他觉得这种方法是根据他的"心为已发,性为未发;性为心之体,心为性之用"思想所得出的逻辑结论。因而,他曾到处对人宣扬、推崇这种观点。

然而,经过不断思考、实践,朱熹发现这些观点有很多不妥之处。他再次陷入了迷惘之中,不得不重新全面审视之前的观点,从而解决理论与操作的双重困难。

经过长时间反复地分析与实践,并结合"二程"的相关理论进行深入思考,朱熹认为,"未发""已发"是指心理活动的两个阶段或两种状态,而不是指心与性的区别。最后,他终于推翻了自己之前的"丙戌之悟"

论断与湖湘学派的"先察识,后涵养"观点。

乾道五年(1169年,己丑年),基于对"未发""已发"

的新认识,朱熹认识到,修养方法也应该相应地回到程

颐所倡导的"涵养须用敬,进学则在致知"上来,应做到

动静兼顾,"未发""已发"并重。这便是朱熹的"己丑

之悟"的主要内容。"己丑之悟",是朱熹继"丙戌之悟"

之后,在理学方面获得的第二次进展,具有里程碑式的

重要意义。

朱熹认为,心始终贯穿于"未发""已发"两个阶段。

"未发"是指思维尚未萌动时的相对静止状态,"已发"

是指思维已经萌动之后的运动状态。而湖湘学派的"先

察识",则缺少了"未发"时在静中涵养,却只体现了在

"已发"的运动状态时用功,理论的缺陷非常明显。

在理学研究方面,朱熹不仅高度重视"二程"的思

想,还对周敦颐的《太极图说》《通书》等主要著作进行研究和整理。第二年,朱熹初步写成了代表他早期思想的《太极解义》。

就在这时,朝廷催促朱熹入京供枢密院编修官之职的命令传达下来。但是,由于举荐朱熹任职的刘珙被逐出朝廷,他怕自己的政治主张得不到实行,所以就以身体不适、母老家贫为由推辞不任。

后来,朱熹的知己汪应辰得到朝廷任用,举荐朱熹的陈俊卿升为宰相,了解到这些情况后,朱熹便对朝廷寄予了厚望。但是,汪应辰、陈俊卿二人在朝廷中的表现,让朱熹十分失望。所以,当朝廷再次催促他前去供职时,他仍以上次的理由暂不赴官。

紧接着,尚书省第三次催促供职的命令下达了,但朱熹依然毫不犹豫地拒绝了。这是因为,朝廷罢黜了当时弹劾权臣的太学录魏掞之,朱熹对朝廷彻底地失望了。从这个时候开始,朱熹便与朝廷进行了长达五年的拉锯式辞免。

没过多久,朱熹经历了一件痛不欲生的事情。他的母亲因病与世长辞,享年七十岁。按照当时的习俗,母亲去世,子女应为她守墓三年。为方便守墓,朱熹决定在墓旁盖起几间简易小屋,在那里讲学,同时还给小屋命名为"寒泉精舍"。

经过半年的修建,精舍终于落成了,从此精舍便成了讲学之地。寒泉精舍可以说是朱熹创立的第一个私塾性质的讲习场所。

当地及慕名而来的士人学子,纷纷来找朱熹问学。在三年居丧期间,他生活的主要内容是讲学授徒,而且大部分时间都在寒泉精舍。

当然,讲学并不是朱熹当时生活的全部,他还致力于编纂著述,甚至达到废寝忘食、嗜学成病的地步。在短短的几年里,他先后撰成《论孟精义》《资治通鉴纲目》《八朝名臣言行录》《西铭解义》《太极图说解》《通书解》《程氏外书》《伊洛渊源录》《古今家祭礼》等书及著名的诗辑。

与此同时,朱熹在学业方面依然投入了很多的精力。他通过书信的方式与四方学者交流思想,展开讨论。他将自己的心得记录下来,连续撰写了《观过说》《尽心说》《观心说》《已发未发说》《程子养观说》《中庸首章说》《巧言令色说》《知言疑义》等文章。

在朱熹的母亲去世的第二年年底,工部侍郎胡铨曾以诗人之名推荐了他。因而,正当沉浸在知识与思想的海洋之时,他接到了朝廷的任命通知,但以丧制未满为由拒绝赴官。之前的枢密院编修官之职务,已经在他服丧期间自行免罢了。

在朱熹服丧期满之后,朝廷先后四次催促他赴任,

109

但他又以体弱多病和其他借口拒绝了。

后来，朝廷并没有因为朱熹屡次违命而怪罪于他。当他再次向朝廷提出奉祠的请求时，宋孝宗皇帝还下旨大大褒奖了他。圣旨写道：

> 朱熹安贫守道，廉退可嘉，特与改合入官左宣教郎（迪功郎的别称，为从九品），主管台州崇道观，任便居住。

圣旨下达，朱熹有些始料不及。此次，他的官位变得更高，俸禄也更加优厚。但是，他依然毫不犹豫地辞免了。他觉得自己是一个愚贱小臣，无功受禄。这样优厚的待遇本应用来鼓励那些真正的有功之臣，如果自己接受此供职将会造成十分恶劣的影响。

但是，最终朱熹还是没能拗过朝廷。淳熙元年（1174年）六月，朱熹接受了朝廷的任命。

收获学术硕果

自朱熹辞免枢密院编修官开始，前后五年间，与世相忘，安居于家，著书论学。

淳熙三年（1176年）十一月，在一个雨雪霏霏的傍晚，朱熹正在收拾衣物书籍，准备第二天回潭溪紫阳楼看看。因为他已经有半年没有回去了，躲在深山幽谷里写书这么久，有些挂念家中的情况。

恰在此时，林用中顶着满头的雪花，前来告诉朱熹师母病危了。朱熹听后，如五雷轰顶，心头猛地一坠，脑子里一片空白，随之眼泪就不断地流了出来。他来不及询问病情,立即跌跌撞撞地收拾行李踏上了归程。

林用中背着先生的行李,锁上了大门,紧紧地跟在先生

后面。

第二天,朱熹火急火燎地赶回了紫阳楼,妻子正

安静地躺在床上,眼睛紧闭,脸平静得像微波不兴的湖

面。朱熹来到妻子跟前,对着她的脸瞧了一会儿,发现

她的额头、双鬓、鼻尖都沁出了细密的汗珠,于是他忍

不住用衣袖帮妻子擦了擦。

这时,林用中知道先生夫妻俩要讲一些体己的话,

便知趣地带上门出去了。妻子拉着丈夫的手,脸上露

出了发自心底的笑容,强忍剧痛向丈夫交代了后事,不

久就撒手人寰了。

朱熹简直受到了锥心之痛。子女们看见母亲脸

色苍白地躺在床上,父亲伏在床头号啕大哭后,也都跟

着痛哭起来。一时间,整座紫阳楼沉浸在哭声和泪海

之中。

朱熹把妻子葬在数年前自己选定的归葬之所——建阳唐石里九峰山下大林谷。他还在妻子的坟头祝告："我死之后一定来同你合葬,生生死死在一起,永不分离!"

悲痛过后,朱熹又将自己的注意力转移到著书立说上了。朱熹曾经说,他的观点不是没有依据随便提出的,而是在相关理论的基础上结合自身的实践经验总结出来的。

淳熙四年(1177年),经过多年的积累和锲而不舍的努力,四十八岁的朱熹终于水到渠成,接连推出了《论孟集注》《诗集传》和《周易本义》三部最重要的经解著作。

《论孟集注》是朱熹最重要的代表作之一。它全面阐发了朱熹整体的思想,以及他对《论语》《孟子》的理解。该书在经学史上占有重要的地位,成为义理学派的典范作品。

朱熹自幼诵读《诗经》,对其爱不释手,即使后来研究理学,也没有将《诗经》束之高阁。随着年龄的增长,他对《诗经》的心得体会积累得越来越多。他三十岁左右便开始对其进行研究,后来编成了体例大致和《论孟集注》一样的《诗集传》。《诗集传》一洗千百年诸家穿凿的错误,废除了小序,并且在每首诗的开头都注明了其运用了赋比兴中的哪种表现手法。

与此同时,朱熹还对《周易》等发表了独到的见解。经过多年探索和研究,他发现《周易》本身并没有十分高深难懂的道理,其本质只不过是占卜用的工具书而已。依据这种认识,他撰成了《周易》学史上的重要著作之一《周易本义》。他立足卦爻,推及义理,坚持实事求是的一贯学风;对于不可通的地方绝不强意解说,对于浮而无根、只纠缠于象数而导致的支离破碎、凿空臆度的两种偏向进行了纠正。

朱熹隐居的二十年生活,以《论孟集注》《诗集传》和《周易本义》三本书的问世,画上了一个圆满的句号。同时也是他中年治学的重要收获,标志着朱熹的思想走向成熟。

正当朱熹在山水中著书立说时,他突然间收到了刘珙亲笔给他写的遗书。刘珙在建康府病逝的消息传来,朱熹悲痛不已。

第三章

仕途多舛

到南康军赴任

淳熙五年(1178年),朱熹痛失爱妻两年之后,朝廷再次下诏起用他,这次授的是知南康军(南康军是宋朝政区之一,是"路—府—州—军"建制中的"军[县]"级,治所在今江西庐山市,辖境相当于今庐山市、永修县、都昌县)。朱熹知道自己这次为官是宰相史浩亲自建议的。史浩是宋孝宗的老师,对朱熹的德学早有所闻;这次,他重新登上右丞相的职位,立即准备起用朱熹。朱熹记得,这是自己隐居著书以来的第十四次授官了。

朱熹认为,在这之前自己仅做过一任县主簿,直接升任知军,资历太浅,待遇过优。数年前求退得进,辞免召命反被升擢,已经勉为其难地接受了本不当得的厚恩,由此遭来非议;如果再不自量,有非分之图,则将内愧于心、外为人所耻笑。

再说朱熹早已对当时的朝廷深感失望,预料到自己生性耿直,不能与时俯仰,一旦做官,政见不合,将会招来祸事。于是,他再次称病婉言辞谢了这个官职。

可是,这一次,朝廷的态度异常坚决,朱熹几次上状推辞,朝廷都给挡了回来:不许辞免。与此同时,吕祖谦、张栻等人也多次劝说他出山,劝他不要再违抗朝命、安坐于家了。于是,第二年——淳熙六年(1179年)——正月,朱熹被迫起行,来到信州铅山县(今江西铅山)界,一面继续辞官,一面等候发落,希望在途中通过种种周旋能出现转机。

南康军位于鄱阳湖西北、庐山之南,下属星子、都昌、建昌三县。这里土地贫瘠，人民生活困窘，是江南东路不起眼的一个小军城。但它是鄱阳湖北入长江的咽喉要道，战略位置十分重要。朱熹赴官途中，辞免不成，即已预先细阅图经，全面熟悉南康军各方面的情况。

朱熹上任后，首先发布榜文，告之三件事：一、请管内士人父老、僧道军民共议本军贫困、民不聊生的利病根源，以及兴利除弊、宽恤民力的措施，集思广益，以期户口岁增、家给人足；二、请管内士民、乡邻父老定时集会，教戒后生子弟以孝悌忠信事其父兄长上，和睦乡邻，共成人伦风俗之美；三、请乡党父兄推择有志于学的子弟入学，一振士风，以使人才辈出。

按照为政以德的一贯思想，朱熹治民首先从美化风俗入手。他在郡学内建立了濂溪先生祠堂，以"二程"配祀。又创五贤祠，合祀陶潜、李常、刘涣、刘恕、陈瓘。得知唐代孝子熊仁瞻墓宅遗址犹存，他就命人加以保

护并禁止别人樵牧;同时,他还上报朝廷,请求修复唐
朝旌表旧门。

刘涣的墓在城西门外的荆棘中,朱熹得知后就对
其加以修复,还为其建立门墙,禁止人们破坏。又建小
亭,取名"壮节",请友人黄铢为小亭的牌匾题字。

与此同时,朱熹不会放过任何可以直接向人们灌
输忠孝道理的机会。《孝经》中有几句话:

> 用天之道,因地之利,谨身节用,以养父母,此
> 庶人之孝也。

朱熹特地拈出,为人们详细解说,还广为张贴,让
人们遵守。

朱熹也十分重视礼俗,基于州县礼仪制度紊乱、人
心不古的现状,他上状礼部,请求颁行《政和五礼新仪》
中的州县臣民应遵守的礼制。又以为该书礼制还有不

完备之处,请求予以增修。

与美化风俗相配合,朱熹开始大刀阔斧地整顿纪纲。都昌、建昌二县官吏失职,百事瘫痪,他当即将其撤换,政事立见成效。建昌有一士人,专门教人挑起词讼,兴风作浪,贪赃得利,罪行累累。朱熹将这个人当众鞭笞,然后编管江州。

编管,是宋代在五刑之外增设的一个新刑种——编配——中的一种。编配,是编管、刺配两种罪的全称。编管与刺配不同,不加刺面,主要适用于"命官犯罪当配隶者""诸罪缘坐家属应编管者",以及某些杂犯罪。类似于"发配"。

后来,此人贿赂当地官吏,违法放回,第二日再次犯法,被人所告。于是,朱熹坚决惩治,将他处以杖刑之后,再次编管外州,县里的人无不拍手称快。

境内豪强巧取豪夺,吞并贫民的田产,无恶不作。

于是，朱熹鼓励受害人直接到军陈述，一经查实，严惩不贷。

朱熹整顿纪纲、惩治豪强，招来了种种非议。从管内到外州、外路，都有他用刑过严的传闻。但是，他率意直前，从不在意。当友人和他提及此事时，他回答说，自己每次见到有欺凌弱者的恶人都痛恨极了，所以不能放任眼前出现这样的事情。

到南康军不久，朱熹就在一定程度上做到了令行禁止，这与他为官比较廉洁正直是分不开的。当时州县官吏舞弊成风，朱熹对此十分反感，不愿同流合污。

在治财方面，朱熹也以严厉著称。交纳租税之时，他首先行文张榜，对有关事项逐一做出明确规定。又派出官吏下乡县督促，务必按期交纳租税。经过数月整顿，所有事情都渐渐有了条理，腐败、舞弊之风也大有改观。

重建白鹿洞书院

朱熹是个治学之人，向来十分重视教育。到了南康军，他便努力发展当地的教育。他特别有耐心地为学生讲授《大学》《论语》等书，并为他们解疑释惑。他每天授课，次日便以抽问的形式督促学生复习。

同时，朱熹还针对学校之前出现的弊端制定了科学的规程。授课之余，不断地充实师资，扩大生员，并且为修建学校筹措经费。他主持修复了白鹿洞书院，一直为当地人所称道。

其实，早在赴官南康军之前，朱熹就从各种文献记载中了解到白鹿洞书院的兴衰情况,所以刚一到任就决定去寻访旧址。

白鹿洞书院,与岳麓书院、应天书院、嵩阳书院,合称"中国古代四大书院"。白鹿洞位于庐山之南的五老峰下,位于军城东北方向,距离十五里,唐代诗人李渤和他的哥哥曾经隐居其间。

位于庐山东南面的五老峰,峻伟挺拔,多姿多态。清晨,从鄱阳湖正面仰视,在绚烂的朝霞照映下,五老峰如同一簇出水的金芙蓉盛开在九天云霄之中,瑰丽奇绝。

这两天来,朱熹和星子县令王仲杰,带着两名随从,几乎踏遍了五老峰南麓的每一寸土地,寻遍了一草一木,却仍然没有找到白鹿洞书院的任何蛛丝马迹。

到了第三天上午,朱熹等人来到了一个环境十分幽雅、静谧的处所,这儿地势稍低,四面环山,一条清澈的小溪迂回蜿蜒,穿过峡口,向东流去。山上苍松翠竹,溪旁石松密集成林,一片清丽幽雅的风光,真是一个结庐读书的理想之地。朱熹怀疑此处就是白鹿洞书院的旧址所在。但是,他们四个人翻遍了每一处草丛,也找不到一点证据。

中午时分,大家都累得腰酸背痛,便坐下来就着溪水吃干粮。吃完之后,朱熹就靠着一块大石头休息,王仲杰命随从取出一方小毛毯,请朱大人盖着肚腹,以免在这深山冷寂之地着了凉。就这样,枕着清凉的岩石,听着叮咚的溪水,朱熹迷迷糊糊地觉得身子往上飘啊飘,直飘到九霄云外,再回头向下一望,只见四山环合,状如天然巨型山洞。

"原来白鹿洞的名字是这么来的!"朱熹心里想着,猛然看见山腰上有一个人,穿着一身白衣,宛如一头浑身如雪的白鹿。朱熹忙走上前去向此人询问关于白鹿洞书院的相关情况。

原来，此人是当地的一个樵夫。他向朱熹等人介绍了当年李渤兄弟在白鹿洞书院结庐读书的情况。在樵夫的指引下，他们找到了白鹿洞书院的旧址。当时，朱熹十分兴奋。

朱熹协调好各方力量，重新修建书院。第二年——淳熙七年（1180年）——三月十八日，书院落成。至此，荒废了一百多年的白鹿洞书院正式复兴。

白鹿洞书院建成以后，朱熹将更多的精力投入当地的教育。他重新为白鹿洞书院制定了学规。他规定要以"父子有亲、君臣有义、夫妇有别、长幼有序、朋友有信"为五教之目，以"博学、审问、慎思、明辨、笃行"为为学之序。朱熹悉心劝导当地的士子们入书院学习，诚心邀请当地很有名望的士人负责学事，并且录用杨日新为堂长。

学院新建，缺乏藏书，朱熹曾多次上奏宋孝宗，希望他能为白鹿洞御赐书院名，并请求将宋高宗的御书《石经》《论语》《孟子》等赐给书院。但是，朱熹的这些做法没有得到朝廷的认可，因而书院的性质也只能是地方兴办的学校。

朱熹还写信给江西、江东两路熟识官员，恳请他们能够将各州多余的书籍捐赠给他。而书院的名字也只能由朱熹自己动笔书写了，最后"白鹿洞书院"五个大字刻于书院的大门之上。

经过朱熹的努力，白鹿洞书院再次成为当时极具影响的地方教育机构，并一直兴盛不衰。后来在即将离任之际，他还专门发布了保护书院的榜文，禁止以任何理由侵占书院田土，禁偷盗书院文籍，并且要求过往的人不可骚扰和毁坏书院。

努力改善当地经济

在关注教育的同时，朱熹也组织百姓极力地发展农业生产。他深深地懂得农业对百姓生活、国家安定的重要性：如果农业不能提供粮食和生活必需品，那么人民的生活就不会安定，生产就不能发展，国家也将失去自立的基础。

朱熹在采取发展农业的措施之前，花了很长的时间去了解民情，制订方案。他不像其他许多官吏一样走走过场、做做样子，而是真正想为人民、国家做些实事。

到了春天，朱熹引导百姓进行选种，并教给百姓育苗方法。在秋收之后，他劝导百姓不要闲游，应提前为来年的耕种做准备。同时，他还意识到水利对于农事的重要性，因而他也尽己之能兴修水利，以促进农业的发展。

百姓的生存，除了食物之外，还需要衣服来御寒，而做衣服则需要桑麻之类的原材料，所以，朱熹建议当地的百姓多种桑麻。为此，他还专门研究了星子知县王之才所创的种桑之法、种田之法。经过学习之后，他对王之才的方法进行大力推广。在秋冬期间，他还督促百姓剔除桑树旁生的弯曲小枝，以保障来年长出的叶子厚大，这样养蚕会更好。妇女则应在农忙之余抓紧时间养蚕纺织，以供布帛之需。

除了劝导和鼓励之外，朱熹还不定时地派吏人进行实地抽查，并依情况给予奖惩。他在各方面都为民着想,百姓也都看在眼里,便对他的政策积极落实,因而在一定程度上促进了农业生产。

朱熹虽然在各方面都不断地努力想要改善南康军的经济状况,但是当地的地理条件不好,因而生产水平总体来说比较低下。可是,朝廷向百姓征收的赋税很重,并且种类繁多,他们往往苦不堪言。

为缓和阶级矛盾,减轻百姓负担,朱熹想尽一切办法,利用一切可能利用的机会,争取减免百姓的赋税。随着对民情了解的加深,为了整个国计民生考虑,他形成了一整套想法,写成了《庚子应诏封事》(淳熙七年即 1180 年,为庚子年),密封上呈。

但是,过了很久之后,朱熹在封事上提出的所有措施,没有一条得到施行。他对朝廷十分失望,对自己的政治抱负得不到施展而郁闷,便接二连三地上状请辞,希望能够很快离开这个烦恼之地。

正在朱熹频频上状请辞的时候,一场震惊朝野的特大旱灾又留住了他。淳熙七年(1180年)五月到七月,南康军天天烈日炎炎,晒得土地龟裂。由于百余天滴雨未下,禾苗全都枯死,放眼望去,连绵数十里都是枯叶死株。

虽然出知南康军本来就不是朱熹情愿的,但是,他在任一年有余一直都尽心尽力为民。现在,旱势已成,饥民四散、饿殍遍野的画面,时时在他脑海中浮现,所以没有离开。

旱情严重,庄稼颗粒无收,饥民随时都面临着断粮的危机,当务之急便是筹集足够的钱米作救荒之用。朱熹以最快的速度盘点本军常平仓现存的粮米,总共有七千八百余石;火速收聚库中所有的现钱,总共有三万贯。

为了确保灾民安全地度过饥荒,朱熹先斩后奏,擅自将二万四千余贯供钱存留。同时,他仍然不断向朝廷请求,最终截留了上年所欠和本年应纳的供米一万四千余石。在较短的时间里,朱熹就筹集了米谷三万余石、现钱六七万贯。但他并没有停止,仍旧向上级官府不断呼吁请求,希望他们给予帮助。

为了保证社会的安定,朱熹还明令规定:当铺不可以关闭,有钱人家不可以霸占水井,禁止偷窃那些有成熟稻谷的少数人家,对之前堆积下来的案子进行处理,等等。

转眼三个月过去了,在朱熹的积极努力下,赈灾救荒顺利结束。三县总共有二十一万多名灾民都平安度过了饥荒,并且很少有流亡的。

随着救灾工作的顺利结束,他离开南康军的日子也就不远了。朱熹在此次赈灾中的出色表现,获得了宋孝宗的认同。因此,为了表示对朱熹的嘉奖,宋孝宗特授予他直秘阁之职。

转赴浙东赈灾

　　淳熙八年(1181 年)三月,朝廷对朱熹下达了新的任命,授予他提举江南西路常平茶盐公事(提举常平茶盐公事,宋朝主管农田水利差役以及茶、盐税赋等的地方官员。提举,官名,原意"管理",宋代以后设主管专门事务的职官即以"提举"命名)。二十七日,他将南康军的职事与接任官员正式交割,然后离任。他本打算前往他地拜访朋友,但就在此时,从家乡传来了妹妹去世的消息,只好取消安排的行程,赶往崇安。

　　九月下旬,朝廷对朱熹有了新的任命。早在夏天,浙东就连遭旱灾,饥民无数。宰相王淮十分赞赏朱熹在南康军赈灾的出色表现,推荐他前往救荒,所以,朝廷便改授他为提举浙东常平茶盐公事。

浙东所属的七个州全部严重遭受旱灾,有的县甚至颗粒无收。面对这种状况,朱熹根据南康军的经验,首先与僚属商议赈灾方略。他发现城中灾民甚多,而之前所差通判(宋朝位于地方行政单位"州"中的一种地方官,官位仅次于"知州",但职权却大于"知州",对府州公事的弹劾可以直达皇帝。因与州府长官共同处理政务,故名)仅注册饥民四万人。前政检视灾情潦草不实,直接贻害百姓。因而,他专设一局,重新核实登记绍兴府城乡饥民人数,准备救济。最后,他找人帮助,画出饥民分布地图,标注姓名住处,结果注册的灾民竟有八万人之多。接着,他们就根据此地图设置场地调集粮食对灾民进行接济。

当然,这些灾民中还包括许多外地人。朱熹也尽力帮助他们。他把那些老弱病残安置到寺院里,由官府出钱给他们购买衣服卧具,找大夫给他们医治,施粥为食,并托僧人对他们进行看护料理。同时他还下达命令,不许旅店向外来灾民多收房租,也不可以在渡口阻拦勒索。

想要赈灾顺利进行,钱财和粮食是当务之急。因而,朱熹向朝廷请求,希望通过减免税收等优惠条件吸引粮商,从而阻止粮食出境。同时,他又派人前往浙西等地买米,动员外地粮商们前来售粮,使更多的粮食流入本地。还请求朝廷能够免除灾民以往拖欠的钱粮,停止催纳本年要上供的钱粮。这一系列的举措,足以看出朱熹的良苦用心。

其实,在朱熹赴任前,他便请求皇帝拨给现钱三十万贯以供赈灾之用。但是,上任之后,那些钱财犹如杯水车薪,面对如此严重的灾情,不到几天就分发一空。紧接着,他又向朝廷申奏,请求再拨给数十万石米、三十万贯钱,以解燃眉之急。由于情况紧急,为了买米,朱熹不得不先借用盐司的九万贯官钱。

在赈灾的过程中,朱熹详细列出置办赈济灾民的社仓(为备荒而设置的粮仓)注意事项,并且对社仓仓规进行大力宣传。后来,在朱熹的努力下,民间纷纷效法这种方法,影响遍及天下。此后,社仓逐渐成为民间自救的一种有效的方式。

此行赈灾,朱熹巡历了三个州。为了及时了解赈灾情况,他总是要亲自到现场指挥。为了尽早地缓解灾情,他早已顾不得那些人情世故,因此在赈灾过程中招来了不少流言蜚语。对此,朱熹十分气愤,立即上章自劾,乞求降职。最终,在宋孝宗的抚慰下,他才奉命返回绍兴府。

在朱熹的主持和各方共同努力之下,长达半年之久的饥荒终于得到了较好的控制。操劳了数月,朱熹早已精疲力竭。本以为,赈灾结束,他可以好好地休息休息。但是,大灾之后,瘟疫又起,朱熹不得不组织当地的官吏对其进行处理。

然而,天公不作美,它根本不给朱熹以喘息的机会。瘟疫刚控制住不久,旱蝗之灾又再次来袭。

淳熙九年(1182年)夏天,田地长时间干旱,田土龟裂,飞蝗遍野,众多稻田中的禾苗皆被咬坏。然而,面对这样连续的大灾,宋孝宗却没有采取积极的措施解决,反而诏令多方祈祷,请求上天降雨。

朱熹对朝廷这种流于形式的作风十分不满,甚至厌恶极了。虽然他十分失望,但依然采取措施积极救灾。他迅速出榜拨钱,然后募集百姓合力捕捉蝗虫,甚至亲自到现场巡察指挥。

朱熹还明令规定不许以苛捐杂税、摊派物品等勒索乡官；禁止村民聚众闹事，并以借贷为名哄抢他人米谷钱财；同时要求地主要体恤和周济佃户，尽量避免百姓流离失所；等等。

到了七月，其他州县受灾的消息纷纷传来。当时由于事情十分紧急，朱熹安排好绍兴灭蝗的事情之后，开始到各州出巡。十七日，他来到了上虞县（今浙江绍兴市上虞区），了解到当地的干旱已经十分严重，但是，县吏不但不体恤民情，积极应对，反而变本加厉追纳租税，百姓苦不堪言。于是，他当即安抚灾民，对酷吏予以严惩，并向朝廷请求支持。

十九日，朱熹辗转来到了新昌县。发现虽然下过雨后稻苗有所返青，但是由于错过农时大都结不了果实。于是，朱熹特别嘱咐检灾官吏要仔细检查，不可错检误民。

二十三日,朱熹来到台州。他以最快的速度筹集了数十万贯现钱,并根据灾情的严重性合理地分发出去;又让每个县里推选出有声望之人参与到救荒的过程中。他积极劝说本地富户低价售出粮食,用于救灾。在几天之内,台州的救荒工作就全面展开了。

在浙东的这些日子里,面对接连出现的重灾大荒,朱熹竭尽全力,急百姓之所急,充分体现了一位正直官吏的强烈责任感。朱熹出色的表现,赢得了宋孝宗的认可。随后,宋孝宗降旨,给朱熹进职二等,授七品贴职(兼职)直徽猷阁。

与官场黑暗抗争

朱熹为官清正廉洁，做事光明磊落。在浙东抗荒救灾的那些日子里，在了解灾情的过程中，他与各州县的官员都有所接触。对于那些玩忽职守、贪赃枉法的官员的恶劣行径，他实在忍无可忍。因而在浙东任上，为了整饬官纪，他采取了一系列措施。

首先，朱熹以登记灾民严重失职的罪行将绍兴府都监贾佑之革职。紧接着，他对偷盗朝廷救灾米谷并用少量米谷加泥土糠壳和水拌，坑害饥民的绍兴府指使官密克勤也毫不姑息。他极力上书对密克勤进行弹劾,同时将其关押,命令下狱处治。

当时的宰相王淮是婺州金华县(今浙江金华)人,他的同乡朱熙绩便依仗手中的权势,在州县里欺压百姓,为所欲为。在赈灾的过程中,他不听从上级的指派,将余粮卖出而从中牟取私利,甚至还弄虚作假,欺骗饥民,使百姓苦不堪言。朱熹到此地巡察时,了解到这种情况后便立刻上奏朝廷,请求对朱熙绩进行严惩。

对于那些没有明显过失,不足治罪,但却老病昏庸、不能胜任救荒之事的官员,朱熹建议,让他们离任奉祠以作安顿,同时让得力的官员替换他们。

朱熹这些举措,推动了救荒的顺利开展,但也不可避免地触动了一些朝中权贵,得罪了一批地方官吏,因而也给自身招来许多的非议和诽谤。

朱熹在出巡的过程中,遇到了两批流民。他们狼狈不堪,扶老携幼,背井离乡。经过询问后才知道,由于遭遇大旱,百姓生活本就十分困苦,但是知州唐仲友不但不体恤民情,反而变本加厉苛刻催督租税。百姓不堪重负,因而远走他乡。针对这一情况,朱熹决定上奏朝廷。

从八月十九日到二十三日,朱熹连上两状,弹劾了唐仲友。他痛斥唐仲友在饥荒之年,不为民请命,反而追纳旧欠,使百姓怨声载道,四散逃荒,这样不利于社会的安定。唐仲友甚至逼勒百姓提前纳税。所以,为了平息民怨,朱熹希望皇帝能够即刻罢黜唐仲友。

之后,朱熹对唐仲友进行了更加详细深入的调查。经过调查后,朱熹惊奇地发现唐仲友贪赃枉法,作恶多端,因而第三次向朝廷上状。此状长达七八千字,详细地列举了唐仲友的罪状:财政混乱,账目不清;私蓄歌妓,生活糜烂,收受贿赂;贪污公家钱财馈送亲友,甚至私自打造兵器并发回乡里使用出售;违法征收私盐税钱,酷刑虐民,强迫民户出售官酒;等等。

朱熹希望宋孝宗看到此状后能够对像唐仲友这样的贪官污吏进行严惩。但是,二十多天过去了,他所上的所有状子都杳无音信。

朝廷这种无视的态度,让朱熹十分尴尬。因而他决定再次上状。此次上状,他以搜集的大量人证和物证为依据,更加详尽地陈列了唐仲友的多条罪证,洋洋洒洒多至万言。

在朱熹步步紧逼下,朝廷才不得不免去唐仲友知州之职,改授他为江西提刑;并派官员前来调查唐仲友的罪行,之后再酌情处理。

朱熹清楚地知道,朝廷中有人在有意包庇唐仲友,而自己与唐仲友势力的强弱多寡也早已明了;所以,朝廷那冠冕堂皇的派官调查的借口,只不过是想要拖延时间罢了。

朱熹知道大势已去，自己的弹劾已经彻彻底底地失败，事情也无法挽回，于是接连上书数次自劾，请求罢免治罪。

虽然唐仲友自始至终受到了朝中势力的庇护，但是迫于舆论的压力，朝廷只好于九月四日罢免了唐仲友江西提刑的新任。朱熹得知这个消息后，心中充满了苦涩与无奈。

紧接着，朝廷任命朱熹为江西提刑，并命令他立即前往赴任，但他坚决不受。之后，朝廷又改授他为江东提刑，但他依然拒不上任。十一月，皇帝再次命他赴任，他仍然坚决拒绝了。

朱熹认为赃官唐仲友的事没有得到公正的处理，其罪行没有得到应有惩罚，自己的弹劾是非不明，如今却不明不白地加官晋职，所以是不会接受的。

朱熹在极力辞免任命的同时，还不断向朝廷提出奉祠的请求。无奈之下,宋孝宗只好答应了朱熹的请求,命他主管台州的崇道观。

与此同时,朝廷决定对赃官唐仲友之事不再追究,而对于伪造官会者蒋晖等人也停止了审讯,并且全部释放。获知这个消息之后,朱熹万分寒心,此次南归带着无尽的遗恨。对于这相互包庇、尔虞我诈的官场,他已经再无半点留恋。

做漳州知州

淳熙十六年（1189 年）二月二日，当了二十七年皇帝的宋孝宗，被加上"至尊寿皇圣帝"的称号退居重华宫，像当年宋高宗赵构一样过起太上皇悠闲养老的日子，朝中的相党纷争也告一段落。

宰相留正为了笼络朱熹这位道学领袖，以获得士人"清议"的支持，做出了一副全力支持道学的姿态，甚至以曲意俯顺的态度固请朱熹出山。

朱熹被留正的"诚意"感动，但还是不愿在京为官，于是便讨了个自以为地广事简的漳州知州的地方官差,以六十一岁的垂暮之年和一生官多禄少、起起伏伏的悲凉心境前往赴任。

次年,宋光宗改元"绍熙"。此时,朱熹已患足疾,行动非常不方便,因此成了家的儿女们都不放心他。最后还是由女儿朱兑、女婿黄干带着丫鬟陪他到漳州任职。这样,朱熹在生活上得到了女儿朱兑的照顾,又有女婿兼高足黄干的陪侍,倒也并不觉得孤单。

朱熹治郡仍从整饬纲纪、变化风俗入手。针对官府历来办事迁延推托、吏人乘机从中勒索的毛病,朱熹给他们规定了期限。约束他们在期限内必须完成,然后严惩那些超过期限的人。凡是每日递上来的词讼,官员当天之内必须了结。对于那些不服管教、违令失职的官员,朱熹坚决惩处,从不手软。

不遗余力地转变民风,是朱熹为官的重要内容之一。他要求人人都要互相劝诫,做到孝顺父母、尊敬长上、和睦宗族、体恤邻里。每个人都要恪守本分，不要当奸盗，不要放纵自己喝酒赌博等。

朱熹还散发劝谕榜文，劝诫人们要互相监督纠察，蓄水防火，提防盗贼，禁止争斗，不许贩卖私盐，不许宰杀耕牛；男女不得非法同居，不得私奔；人们不得以礼佛传经为名聚集混杂，不得以消灾求福为名装神弄鬼等。

朱熹历来十分重视学校的教育，在繁忙的公事处理完之后，经常会到州学，亲自为学子们解疑释惑。为了加强对学校的管理，他对学校的老师和当地的名士进行了深入的查访，撤换了学校中许多不称职的人，同时聘名士担任学录和学正等职。

朱熹还对《诗经》《尚书》《周易》《春秋》四经进行考辨整理、重刊，同时还整理了附有音释的《大学》《论语》《中庸》《孟子》，这样大大方便了大家的学习。

通过大力整顿,学政焕然一新,远近慕名而来的学子络绎不绝。

到了漳州任上,朱熹依旧把百姓放在首位,一如既往地实施了一系列爱民、利民的政策。到任之初,他革新盐政,废罢濒海十一铺。他还亲自出郊劝农,敦促生产。同时,他向朝廷上书,废除属县上供、科茶钱。

朱熹在任期间主要为推行经界而不停努力,因为这是关系一方百姓利害的大事。

朱熹在同安任主簿时,就已经采取过一系列的措施实施经界,而且于国于民都十分有利;因而,来到漳州之后,朱熹希望再次实行经界,从而纠正租税不均、地籍不正带来的无穷弊病。

朱熹听说朝中有一位姓唐的官员与自己的想法不谋而合,因此在面见皇帝时请求在泉、漳、汀三州实行经界。朱熹想利用这个机会,表达自己对经界的看法。

　　朱熹首先向朝廷上书,论证经界不可不行的原因。他详细地论述了实行经界的有利之处,以及不实行经界的弊端。当然他的建议不止于此,他还对经界的实施提出了更加详细的方案。他总结之前实施经界的经验和教训,向朝廷详尽地陈述了差官置局、丈量田地、编造账籍三方面的具体措施。

　　转眼间就到了秋天,朱熹所奏经界之事如石沉大海,毫无动静。朱熹心急如焚,如果朝廷再这样拖延下去,那么三州的百姓就要再多受一年之苦,同时也会让百姓对官府失去信任,从而动摇民心。因而,朱熹再次上状催促。

　　然而,由于朝廷的一再拖延、各方的百般阻挠,当年已经没有时间再实行经界。为此,朱熹十分愤怒,于是以多种方式进行自我弹劾,请求皇帝严惩自己。

定居于建阳考亭

　　绍熙二年(1191年)二月,长子朱塾去世的噩耗传来,朱熹遭受到老年丧子的打击,同时也已经对朝廷心灰意冷。他无心在官场久留,向朝廷请求离任奉祠。他的请求很快就得到了批准。朝廷让他主管南京鸿庆宫,并授予他秘阁修撰的职位

　　四月二十九日,众多僚友和门人依依为朱熹饯别。五月二十四日,朱熹抵达建阳。

　　朱熹不打算再回到崇安五夫里的旧居,因为经过五十年的风雨摧残,那里早已破败不堪。父亲朱松曾

经十分喜爱建阳竹林精舍，因而，他决定秉承父亲先志，在这里筑室定居。

六月，新居落成。新居规模不大，朱熹只是买了他人的五间旧屋加以修葺，另外造一座小书楼。书楼两层，楼上有一间小屋，朱熹将它命名为"清邃阁"，作为自己燕居著述、拜忆先圣之所。然而，这座不大的书楼却又成了四方学子朝拜的新圣地。朱熹因赴漳州任而中断了整整一年的讲学著述生涯又开始了。

从新居落成到次年九月，在这一年的时间里，朱熹没有离开过考亭。只是每天傍晚带着众弟子在附近小桥边散散步、吟吟诗。

起初，弟子数量不多，就住在考亭新居。但几个月后，因为四方学子慕名纷纷前来投师，弟子数量一下子猛增至三四百，考亭再也住不下了。朱熹只好在新居之东半里处建造了竹村精舍，作为众弟子的食宿之所。

这段时间,天地万物,都是朱熹观察的对象。慢慢地,在深入研习之下,他的学术思想体系日趋完善。登门来求学的人蜂拥而至,一大批门人云集建阳,形成了朱熹讲学授徒的高峰。

此时朱熹的身体已经日渐虚弱,他总感觉时寒时热,周身无力,饮食逐渐减少。他的心疾和脚气经常复发,从右手手指到肩背的疼痛也令他备受折磨。他一直服用草药进行治疗,但是效果不佳。病得十分严重时,他甚至卧床数月,连说话的力气也没有。

不过,朱熹向来是个十分好客的人,只要有学子前来问学,总是热情招待,来者不拒。每当有人入室探病的时候,他都努力地抖擞精神,正襟危坐,丝毫看不出有一丝疲倦。

转眼间,三年过去了,朱熹渐渐地从失子的悲痛和经界的挫折中慢慢平静下来。在考亭的这些日子里,他读书养疾,聚徒讲学。他本打算自己的晚年将以笔耕不辍、传道授业的方式安然度过,但是,命运之神将再次开启他的仕途之路。

兴复岳麓书院

朱熹为人正直,为官清廉,又是儒学的集大成者,因而在当时极负盛名。绍熙四年(1193年)冬天,朝中有使者出使金国,金人对朱熹辞官的事情也有所耳闻,便问起了他的近况。使者怕给朝廷留下一个弃贤不用的坏名声,便随即说朱熹已经被任用的谎话。使者返宋后,把事情的来龙去脉禀报了朝廷。

绍熙五年(1194年),丞相留正推荐朱熹为知潭州、荆湖南路安抚使(统制军旅,总兵民之政)。

朱熹接到朝廷任命的消息后,回想起朝廷对漳州经界一事不作为的态度,十分愤怒,便以自己才能短浅为由推辞不受,递上辞呈。

但是,朝廷并没有同意朱熹的请求,总是不断地催促他立即赴任长沙。他实在是不想再出仕,反复力辞。皇上不耐烦了,下了一道诏令,命他赴任。

当时,恰逢溪洞(古代指今部分苗族、侗族、壮族及其聚居地区)徭人(宋代至 1949 年前历史文献对瑶族人的称谓)在辰州、邵州、武冈一带起义,事势紧迫,震动朝廷,急需镇抚。朱熹担心事情蔓延开来,不可收拾,于是便在绍熙五年(1194 年)四月间拜命起行,马不停蹄地向湘中进发。

五月五日,朱熹终于到达潭州。刚上任,他就将工作的重心放到徭人事宜上。

在朱熹到来之前,当地已经开始进兵攻讨,徭人的气势渐渐衰落下来。当时的军校田升认为,目前正是招降的有利时机,不必再行进剿。

经过认真分析形势,朱熹采纳了田升的建议。在田升的带领下,数十人来到徭人军中进行劝降。徭人此时处于兵败的困窘,他们的头领软弱无能,看到田升许以宽恩,随即便带着妻儿接受了纳降。就这样,朱熹上任不久就将徭人的动乱平定了。

朱熹向来十分重视教育,可是,自张栻去世以后潭州的岳麓书院就渐渐荒废了,生员十分稀少。看到这种情况,朱熹十分痛心,决定重新恢复岳麓书院往日的风采。

朱熹将兴复岳麓书院之事委派给州学教授,还聘请一些名士来书院讲学。为了保证岳麓书院的教学工作顺利开展,他还吩咐属下准备宿舍、桌椅、钱粮等。

朱熹还准备对岳麓书院进行改建,决定将它建在风雩亭之西的僧寺菜地中。因为这里背靠着亭脚,面向笔架山,地势右边横抱,左边拱揖,十分理想。

从这以后,岳麓书院又成了三湘士子向往的问道圣地。朱熹处理完职事,常常在岳麓书院与众多后生小辈侃侃而谈,无所不论。天文地理、经史百家、古今轶闻,他都能引经据典、滔滔不绝。他那简陋的寓斋,也常常有数十甚至上百学子涌入谒见问学。他总是高高兴兴地接待,从不厌倦。

当朱熹在僻远的湖南埋头吏事、热心兴学时,朝中却发生了一场剧变。正是这场剧变,把垂暮之年的他卷进了凶险的政治旋涡,给了他生命中瞬间的辉煌,同时也酿成了他一生中最大的个人悲剧。

这个剧变的直接原因是宋孝宗、宋光宗父子长久的两宫不和。

宋孝宗以孝治天下,但他的儿子——堂堂一国之主宋光宗——却成了天下第一号不孝之人。就在朱熹赴潭州任的上一年——绍熙四年(1193年),退居重华宫的宋孝宗病重,福宁宫的宋光宗却不肯前往重华宫探视。

绍熙五年(1194年)四月,宋孝宗病势已日见危急,六神无主的宰辅大臣们苦苦哀求宋光宗起驾问疾,但宋光宗却日日和李皇后驾辇往都中各园游玩,不予理睬。六月,宋孝宗皇帝病卒于重华宫。宋光宗却称病不服丧,因此全国上下舆论沸腾。

朱熹既生气又恐惧,于是当即上状三省、枢密院,请求解任归田。原来,朱熹是宋孝宗器重的旧臣,看到宋孝宗被如此对待,再也不能忍受了。朱熹在宋光宗父子反目、天下对宋光宗人言纷纷之时递上辞呈,也就表明了自己的立场。这样,他实际上已经是公开反对当今皇上了。

这一年,宋光宗皇帝退位,宋宁宗即位,这场风暴才算过去了,朱熹才安下心来,全身心地投入潭州州城的建设之中。

早在北宋靖康年间(1126—1127年),潭州州城遭到了金人的摧毁,这几十年来都没有对其加固修筑。前任知州周必大曾经购买砖瓦、石灰等材料,准备对其修筑,但由于各种原因没有实施。

如今,江北的形势比较吃紧,如果湖北不保,金人将不费吹灰之力直捣长沙。朱熹派人对修筑工事进行筹划。为了节省费用,缩小范围,易于防守,他打算先暂缓修筑城北一带荒远无人之处的城墙。但是,他精心筹划的这些事情还没来得及付诸实施,却接到了朝廷让他赴临安奏事的诏命。

被宋宁宗罢黜

　　朱熹近年来一直疾病缠身,精力不济,出官长沙已经十分勉强了。而且,他知道自己与朝廷的政见有很多不合之处,许多施政主张很难得到实施,因而想推辞不就。但是,宋宁宗刚执政不久,朱熹直接推辞实在不好,就陷入了两难的境地。最后,经过再三考虑,朱熹决定一面先接受朝廷的任命,一面递上辞免申状,在途中听候发落。

　　在途中,朱熹接到圣旨,任命他为焕章阁待制兼侍讲,其实就是帝学之师。从他的官历、实绩方面来评定,这一任命的确有些超出常格了,因而,他坚决推辞,先后三次上状,表示不敢接受任命。

绍熙五年(1194年)九月三十日,朱熹来到临安。宋宁宗亲笔御批:

> 卿经术渊源,正资劝讲,次对之职,勿复牢辞,以负朕崇儒重道之意。

朱熹见再也无法推辞,这才正式接受任命,出任焕章阁待制兼侍讲之职。紧接着,宋宁宗又任命朱熹为史馆,让他兼实录院同修撰。

身为皇帝的老师,为了更好地辅导宋宁宗的学业,朱熹倾注大量的心血,备足了功课。他革除了实录编纂中存在的弊端,同时还拟定了修史例,规定了采集传主史料的程序。皇帝对他的作为十分欣赏。没过多久,宋宁宗便封朱熹为食邑三百户的婺源县开国男。

随着地位与声望不断提高,出于强烈的责任感,朱熹在自己本职之外,还对朝廷政事发表自己的看法。他曾经多次上书涉及宫廷隐私忌讳之事,议论宋孝宗灵位安置太庙和宋孝宗陵墓之事。最初宋宁宗对朱熹是十分尊崇的,但是他的言语太过耿直,毫无奉承之意,不懂得避讳,最终惹恼了皇帝。

宋宁宗对朱熹的尊崇,随着时间的推移,由于朱熹的说教而转变成了厌恶。朱熹虽然有所察觉,但依然我行我素。最后,在韩侂胄等佞臣的挑唆之下,宋宁宗终于罢黜了朱熹。

成为帝师,便是朱熹仕途的顶峰。毫无顾忌,直言犯上,他尽展诤臣的风姿。但是,在朝仅仅四十多天,他却遭到了驱逐。

十二月,朱熹被改授焕章阁待制、提举南京鸿庆宫。就这样,短暂的辉煌之后,朱熹进入了他一生中最黑暗的时期。

第四章

考亭晚景

处于党祸之中

树欲静而风不止。就在朱熹被驱逐之后，想要潜心学术的时候，一场党禁的乌云已经向他缓缓飘来。这场惨烈的党禁之祸，要从赵汝愚的被贬受害致死说起。

赵汝愚当初不听朱熹的劝诫，错误地估计了韩侂胄的实力，以至于没能及时控制住这个小人。如今，得宠的韩侂胄反过来对他却毫不手软。

就在朱熹离开京师后的两个月，韩侂胄顺利地驱逐了相魁赵汝愚。起居郎、权直学士院郑湜，也因为帮助赵汝愚而遭到罢免。紧接着，兵部侍郎章颖、工部侍郎知临安府徐谊、国子祭酒李祥、国子博士杨简,都接连因为替赵汝愚说情而惨遭罢官。之后,侂胄党羽不断地弹劾赵汝愚,致使他被罢知福州之职。

宋宁宗庆元元年(1195年)四月二日,太府寺丞吕祖俭向朝廷上书,极力挽留赵汝愚,并为彭龟年、朱熹说情。不料,两天之后诏命吕祖俭改任吉州。

五日,有太学生六人上书,为赵汝愚辩白。结果第二天,朝中不分青红皂白地将六人逮捕、监押。情急之下,中书舍人邓驲秉承公正的态度,上书替这六人求情,随之便被罢知泉州。

这一连串的风波,严重打击了朱熹。他精神郁闷,身体每况愈下,病情越来越严重了。

朱熹回到建阳之后,曾经多次向朝廷上状,坚决辞免焕章阁待制职名。为了达到这个目的,他自劾妄议宋孝宗墓穴之罪,坚决要求削去待制职名。最后朝廷将他的职名改回知漳州时所除秘阁修撰。

宋宁宗改元"庆元"的第一个年头,在铲除赵党的喧嚣中过去了。其实,从党事开始之时,韩侂胄之党主要针对的就是朱熹,但是自始至终他们都没有人敢直接指出来。然而,他们对党人的迫害,却仍在紧锣密鼓地进行着。

不久,监察御史沈继祖以捕风捉影、移花接木、颠倒捏造的手法罗列了朱熹的六大罪状:

一、不孝其亲;二、不敬于君;三、不忠于国;四、多次辞免,玩侮朝廷;五、追念赵汝愚,公然与朝廷作对;六、损坏孔子圣像。

虽然这些诬蔑朱熹的奏章很难令人信服,但是宋宁宗政权却全部认可了。

朱熹拥有四海崇仰的一代儒宗盛名,以韩侂胄为首的反道学新贵们虽然也想将朱熹置于死地,但他们仍有所顾忌,不敢贸然对其杀戮流放。

紧接着,知绵州王沇,想要从法律上把道学派确立为大逆不道的"逆党",并对这些人终身禁锢,永不叙用,因而上书奏请设立伪学之籍。这种提议正合韩侂胄一伙人之意。于是他们效法北宋元祐党籍的故伎,开列了一份五十九人的伪逆党籍。其中包括宰执四人、侍制以上十三人、武臣三人、余官三十一人、士人八人。朱熹、赵汝愚、蔡元定等人都在伪逆党籍之列。

庆元二年(1196年)新年刚过不久,朝廷便将蔡元定流放到三千里之外的道州编管,而朱熹也以伪学之魁免去祠禄官之职。就这样,朱熹永远地结束了几十年的政治生涯。

朱熹与蔡元定是要好的朋友,他们有着相同的政见。因而得知蔡元定被贬,朱熹一直对他牵肠挂肚。

正月过后,蔡元定被命令先到建宁府落脚,听候发落。朱熹觉得这是一个好机会,便决定与他相见。他们两个人见面之后,嘘寒问暖,斟酒话别。

此后,朱熹还经常同蔡元定书信往来。他拜托自己旧日的朋友,对蔡元定给予更多的照顾。同时,他还托人暗中保护蔡元定的家人,使蔡元定没有后顾之忧。

此次党祸兴起,几乎不涉及学术的是非,完全是出于政治的需要。在尔虞我诈的政治风云中,朱熹始终没有放弃自己的政治、学术立场。最终,他虽然成为政治上的失败者,但是他那宁为玉碎、不为瓦全的士人节操令人敬服。

在黑暗的政治环境下,朱熹的学说成为政治斗争的牺牲品。他不敢让自己的儿孙们参加科举考试,不敢公开为他人作文,不敢刊印自己的著作。但是,从骨子里来说,他从来不会对韩侂胄等新贵屈服,也从来不会放弃自己的理想和追求。

当党祸来临的时候，朱熹没有因为避嫌远祸而将前来求学的学子拒之门外，有时反而主动邀请那些值得信赖的士友到精舍切磋学问。不管他人怎样苦口婆心地劝他遣散生徒，他始终笑而不答。他以讲学不辍的行动来回答对"伪学"的攻击，即使他有可能进一步获罪也毫不在乎。

残年退休

庆元四年(1198 年),朱熹对自己尚未了却的心愿进行清点:外祖父祝确,有贤行,朱熹想用文字把他的言行和事迹记录下来,传给后人;同为朱熹岳父、先师的刘勉之,对自己恩深似海,如今已经去世将近五十年了,应该好好为他立块墓表;自己年迈无力,疾病缠身,也应该好好为自己选块墓地,而唐石大林谷应该是个不错的选择,在去世前一定要去看一看,然后把它定下来……

但是,无论在什么时候,不论自己的身体多么虚弱,朱熹始终坚守着自己的使命,总是严格要求学生,用自己的思想、言行潜移默化地影响学生。特别是在目前严密禁锢学术的情况之下,依然有一些前来求学的士人。看到这种情况,朱熹精神大振。

每当与学生讲论的时候,朱熹都努力保持最好的状态,就好像自己的身体十分健康一样。在这种精神的支撑下,他与海内知己继续不停地研究学术,互相鼓励。他坚信即使自己去世了,仍旧可以用自己的学术、思想正确地引导世人。

就在此时,吕祖俭、蔡元定在被贬之地去世的噩耗相继传来,朱熹为此痛彻心扉。十月二十九日,朱熹拖着虚弱的身子前往后山,趴在吕祖俭的坟前痛哭了一场。十二月六日,是蔡元定的下葬之日,但是朱熹的病情越来越严重,甚至不能外出行走。于是,他便嘱托自己的次子朱埜为自己的好友奉香烛茶酒祭奠。

十二月，新州教授余嚞上书朝廷，希望能斩首朱熹，以绝伪学。就在这个时候，朱熹的病情更加严重。他瘦骨嶙峋，身体十分虚弱，每个动作都十分吃力，常常虚汗直流，还总是感觉两肋腹中气痛胀满，也特别畏风怕寒。都说病急乱投医，朱熹也不例外。他吃了多种草药，但是病情不见好转。

在这样的状态下，朱熹心中还有一件未了的事。他虽然已经遭到罢黜，但依然保留着朝奉大夫的散官头衔。按照当时的规定，年满七十岁就可以退休，同时还可以享受相应的待遇。在一年之前，朱熹的心中就惦记着退休之事，但是考虑到当时的政治形势，同时自己还是个有罪之人，所以，只好以一纸申请呈报给尚书省，而不敢直接向皇帝提出请求。

当朱熹的亲友得知他提出申请后，都为他悬着一颗心，因为这样极易给他招来巨大的祸患。

当时规定,想要顺利退休,就必须有两名以上的保人。但是,在当时极度紧张的政治形势下,人人自危,在朱熹所居住的整个建阳城里,竟然没有一个人愿意出面给他作保。

为此,朱熹感到十分悲痛,只好写信舍近求远,请求其他的人帮忙。但是,发出去的书信也都石沉大海。很长时间以后,经过一波三折,需要的手续才勉强准备齐全。又过了大半年的时间,朝廷允许朱熹退休,并且享受散官朝奉大夫的待遇。

自步入仕途到现在,已经有五十多个年头了。朱熹的一生,忠君爱国,兢兢业业,最终在党派的角逐下却落得个身败名裂的下场!但是,他依旧坚信,自己留传下来的学术总有一天会在历史的舞台上熠熠生辉。

千古大家

庆元六年（1200 年）三月初九，七十一岁的朱熹在血雨腥风的"庆元党禁"运动中去世。十一月二十日，朱熹葬于建阳县黄坑大林谷。尽管当时反道学的当权者严加约束，但是参加会葬的人仍然有近千人之多。

朱熹是宋代理学的集大成者。他总结、发展了"二程"的思想，建立了庞大的理学体系，称为"程朱理学"。其功绩为后世所称道，其思想被尊奉为官学。他本人则被世人与圣人孔子并提，称为"朱子"。

朱熹不仅是一代思想家，还以毕生精力从事教育实践、学术研究,对我国古代文化作出了重要贡献。他在东南各地从事讲学活动五十年,对南宋时期的教育现象、教育问题进行了缜密思考、孜孜探索,提出了自己独到的见解,形成了独具特色的教育思想,不仅影响了当时的教育理论,而且影响了后世的教育改革和发展。

在经学方面,朱熹对北宋以来的经学加以继承和发展,并在一定程度上对宋学的流弊加以修正,克服宋代学者以己意说经,空谈义理而不求义理的来源、根据的弊端,把讲求义理、谈心论性与训诂考证相结合,由此影响到后世的考据学。

在语言学上,朱熹也有很高的造诣。他的"叶韵说"对古音有较深入的研究。他注释的书如《诗集传》等,本身就是高水平的训诂学著作。

朱熹十分重视自然研究,而且还身体力行。他从事科学研究、探索，广泛而深入地观察自然现象，获得了丰富的自然知识，因而在自然科学方面也提出了不少有价值的创新思想。

在书法方面，朱熹也自成一格，被历代书家及研究者所推崇。

后来，昏聩的当权统治者们从党争残杀中清醒过来，猛然发现朱熹的著作与学说中正有他们梦寐以求的东西。于是，在朱熹死后不久，随着韩侂胄等人的身败名裂，党禁解弛，当权者们发起了将朱熹奉为"圣人"的运动，绵延了数个世纪：

宋宁宗嘉泰二年（1202 年），朱熹被追授华文阁待制；嘉定二年（1209 年），被赐谥曰"文"。

宋理宗宝庆三年（1227 年），朱熹被追封信国公；绍定三年（1230 年），被改封徽国公；淳祐元年（1241 年），从祀孔庙。

清圣祖康熙五十一年(1712年),朱熹升配"孔庙十哲",朱熹的牌位从孔庙东廊进入了大成殿……

尽管他们抬出来的是被罩定在"万世圣人"光圈中神化了的朱子,但不可否认的是:在朱熹身后的几个世纪中,朱熹的文化思想影响了中华民族的深层心理结构、思维模式、生活方式等。